COPYRIGHT INFRINGEMENT:

✦ THEORY & PRACTICE ✦

著作权侵权理论与实务

丁文杰 / 著

知识产权出版社

全国百佳图书出版单位

——北京——

图书在版编目（CIP）数据

著作权侵权理论与实务 / 丁文杰著 . —北京 : 知识产权出版社，2022.7
ISBN 978-7-5130-8162-7

Ⅰ. ①著…　Ⅱ. ①丁…　Ⅲ. ①著作权—侵权行为—研究—中国　Ⅳ. ①D923.414

中国版本图书馆 CIP 数据核字（2022）第 078174 号

责任编辑：庞从容　　　　　　**责任校对**：谷　洋
封面设计：张国仓　　　　　　**责任印制**：刘译文

著作权侵权理论与实务
丁文杰　著

出版发行：知识产权出版社有限责任公司	**网　址**：http://www.ipph.cn
社　址：北京市海淀区气象路 50 号院	**邮　编**：100081
责编电话：010-82000860 转 8726	**责编邮箱**：pangcongrong@163.com
发行电话：010-82000860 转 8101/8102	**发行传真**：010-82000893/82005070/82000270
印　刷：北京建宏印刷有限公司	**经　销**：新华书店、各大网上书店及相关专业书店
开　本：787mm×1092mm　1/32	**印　张**：5.375
版　次：2022 年 7 月第 1 版	**印　次**：2022 年 7 月第 1 次印刷
字　数：133 千字	**定　价**：78.00 元

ISBN 978-7-5130-8162-7

序

展现在读者面前的是复旦大学法学院丁文杰老师在著作权法研究领域的新作。

文杰攻读博士期间师从日本知识产权法领域巨擘田村善之教授，2017年学成回国后至复旦大学法学院任教，讲授知识产权法、侵权行为法等课程。他精通韩、日、英等国语言，为其进行比较法研究提供了方便，他在著作权法学领域的耕耘，已获得学术界的高度认可，所开设的知识产权法课程更成为精品，深受学生欢迎。文杰温文尔雅，学理通达，为人真诚，我视其为忘年之友。他将其大作赐我阅读，令我先睹为快，旋又嘱作序，使我深感惶恐，但蒙老弟之盛意，勉为其难，谈些对本书的粗浅认识。

以中外法律史的视角，著作权立法的每一次变革均体现着人类认知水平的跃升、科学技术的发展、立法技术的进步，经历了从保护专有特权到平等保护私权、从公力介入到私力救济、从静态保护到动态保护的历程。举例而言，中国古代久存"版权"保护形态，宋代普及雕版印刷术后，官府明令"犹禁擅镌""翻版有禁"，授著作者、刻书者以"公据"，明示其"刻志穷经，平生精力毕于此书"，严禁"其他书肆嗜利翻版""窜易首尾、增损音义"，遂"备牒约束"，《方舆胜览》中即载有官府禁止私刻的两则

"榜文""牒文";延至后世,又出现印书者声明"不许覆板""如有翻刻,千里究治"的牌记、印记,但这种封建等级制度基础上的印刷特权保护、"版本"保护与近现代主体平等理念上的著作权保护制度相去甚远。无独有偶,1710年英国实施的《安娜法令》也是在彻底否定出版垄断权、出版特权的基础上出现的,作者对其作品享有的权益再也无须通过王室的特权授予,从而诞生了近代第一部著作权法。然而,诚如作者所言,"复制技术和网络技术所带来的冲击,物联网、大数据、人工智能等技术的进步,以人的创作为基石建构的著作权法体系再次面临严重挑战",著作权法亦应因时、因势而变,以此为据,我们可感知本书的几个重要理论贡献与特点。

其一,鲜明地提出了"著作权法范式转换"命题。美国法学家庞德说:"法律必须稳定,但又不能静止不变。因此,所有的法律思想都力图协调稳定必要性和变化必要性这两种彼此冲突的要求。"作者探讨著作权体系观的自然权理论与功利主义理论、分析我国现行著作权法条文构造,得出我国著作权法存在自然权理论色彩浓厚、重人身权保护、财产权设置陷入物权构造泥沼、静态思维的权利范式、体系化思维缺乏等问题,通过大数据、人工智能等技术进步下"作品"生成过程、权利归属与限制的论证,进而提出著作权的本质是行为规制,著作权立法需从静态思维权利范式转向动态思维行为规制范式、探寻著作权法体系应然状态的论断,无疑具有理论创新上冲击力。

其二,严谨地论证从"权利"到"行为规制"的正当性、可适用性。作者提出:著作权立法需以功利主义为积极根据,以自然权理论为消极根据,从而使著作权对他人行动自由的限制获得正当性,并同意这样的观点:从人的"行为"中分离出来的无体"物",实不过是从人类多种多样的行为中提炼出相似模式贴上无体"物"的标签；著作权法将其称为"作品"，实质上是一种将应当被规制的行为清晰明确地予以特定的法律技术，通过抽象地对某种特定无体"物"赋予权利的做法，实现了侵权行为范围的具象化及"消极排他权"。同时，作者详细评价了依著作权侵权范围、著作权侵权的构成要件（作品性、接触、实质性相似、法定利用行为、权利限制）、侵权效果（停止侵权和损害赔偿）、著作权主体、著作权经济性利用构造著作权法体系的合理性。我们可以看到：本书的五章结构及其内容正是这种理论体系演绎的体现。

其三，注重实践。法律的生命在于实践，而司法是一种过程，司法、行政、立法、法学研究等多方面活动综合在一起，某种意义上构成了法律秩序。本书以"著作权侵权理论与实务"为名，体现出作者对法律实践的强烈观照，其内容融合理论分析与实务探讨、比较域外经验与我国实践，尤其书后所附"江差追分案""钓鱼游戏城案"全景式呈现了日本相关判决的理据与价值取向，可资法律界同人评判。

本书行文流畅、用词精当，可读性强，是一本既有学术深度，又有实践价值的作品。值此付梓之际，以序为贺！

2022 年 5 月
于复旦大学江湾校区

目　录

第一章
著作权法的范式转换

一、问题的提出

在瞬息万变的知识产权法领域，著作权法与技术创新之间有着千丝万缕的联系。从法律史的角度来看，印刷技术的发展推动了以复制禁止权中心主义为特征的著作权制度登上历史舞台，而复制技术和网络技术的普及触发了著作权法的两次重大变革。[1] 然而，著作权法尚未完全适应复制技术和网络技术所带来的冲击，随着物联网、大数据、人工智能等技术的进步，以人的创作为基石建构的著作权法体系再次面临严重挑战。人工智能生成物[2]、网络游戏画面[3]、体育赛事直播画面[4]、音乐喷泉[5]、深层链接[6]、短视频[7]等新型著作权纠纷问题，业已成为颇受关注却又悬而未决的难题。

尽管技术创新不断给现有的著作权法体系带来重大冲击，但是实务界和学术界思考新问题的方式并未摆脱传统静态思维的束

---

* 本章主要内容曾发表于《中外法学》2022 年第 1 期。
〔1〕 关于著作权法的历史考察，参见杨明：《私人复制的著作权法制度应对：从机械复制到云服务》，《中国法学》2021 年第 1 期，第 191-194 页。
〔2〕 参见北京互联网法院（2018）京 0491 民初字第 239 号民事判决书。
〔3〕 参见上海市浦东新区人民法院（2015）浦民三（知）初字第 191 号民事判决书。
〔4〕 参见北京市高级人民法院（2020）京民再 128 号民事判决书。
〔5〕 参见北京知识产权法院（2017）京 73 民终 1404 号民事判决书。
〔6〕 参见北京知识产权法院（2016）京 73 民终 143 号民事判决书。
〔7〕 参见北京互联网法院（2018）京 0491 民初 1 号民事判决书。

缚。其一，就司法实践而言，由于欠缺融贯的法理阐述，法院在新型著作权纠纷问题上尚无统一立场。例如，由专业摄像团队摄制并由专业导播实时编辑加工而成的体育赛事直播画面，究竟属于视听作品还是录像制品这一问题上，不同法院之间存在严重的分歧。[1]再如，围绕音乐喷泉是否构成新作品的问题，各级法院之间同样存在较大分歧。[2]其二，在学理层面上，由于著作权法学者普遍侧重制度性研究[3]，因此在新型著作权纠纷问题上缺乏基本共识而陷入困境。现有研究基础和范式的不成熟，著作权法极易沦陷在立场导向的解释论之争。例如，随着人工智能生成的绘画、诗歌、小说、音乐等逐步进入日常生活，其生成内容的作品定性以及权利归属问题引发了学界的持久关注和热烈讨论。然而，有些学者所提出的观点过于武断，不但无视学界已有的共识，甚至偏离学者自己一贯的价值取向和预设的逻辑前提。

　　静态思维的问题在于其未能从宏观上对著作权法进行整体观察，即缺乏体系化思维。正所谓"一叶蔽目，不见泰山"。即便著作权法属于应用法学[4]，著作权法的研究也不能仅局限于以权利范式为主的静态思维，还应当探寻著作权法体系的应然状态。[5]尤其是随着大数据、人工智能等技术的迅速发展，动态的网络联系逐渐

---

[1]　有些法院采用录像制品说的立场，参见北京知识产权法院（2015）京知民终字第1818号民事判决书；而有些法院采用视听作品说的立场，参见北京市高级人民法院（2020）京民再128号民事判决书。

[2]　参见北京市海淀区人民法院（2016）京海民初15322号民事判决书；北京知识产权法院（2017）京73民终1404号民事判决书。

[3]　就民法学而言，制度性研究奠定了民法学的知识基础，提供了民法学最基本的知识平台，为民事立法和民事司法提供了必要的知识准备，并通过其对社会生活的实际影响确证了民法学研究的必要性。但是，过分侧重制度性研究将会导致"自说自话"和"自我封闭"的局面。参见王轶：《对中国民法学学术路向的初步思考：过分侧重制度性研究的缺陷及其克服》，《法制与社会发展》2006年第1期，第88-90页。

[4]　参见郑成思：《版权法（上）》，中国人民大学出版社2009年版，前言部分。

[5]　中山信弘「知的財産法研究の回顧と将来への課題」NBL877号（2008年）10-11頁参照。

增强，著作权保护的实效性遭遇空前危机，这就要求著作权法的思维方式由传统的静态思维转向动态思维。[1]而动态思维促使我们更加深入地思考：著作权的本质究竟是什么？著作权法的体系观究竟如何影响了法律条文的构造？若按照现行著作权法条文的顺序构建体系，究竟会面临何种问题，以及若不按照现行著作权法条文的顺序构建体系，则应当以何种顺序论述著作权法？本章拟在澄清现行著作权法的体系观的基础上，指出立足于静态思维的权利范式之理论缺陷。进而遵循动态思维的逻辑，尝试从学理层面对著作权法进行体系构建，并就范式转换的现实意义进行阐述。

二、现行著作权法的体系观

（一）现行著作权法的体系观

综观著作权制度的体系观，主要有自然权理论和功利主义理论两种观点。自然权理论关注权利的道德内核和创造者的自然地位，而功利主义理论则聚焦权利对效益增进的驱动功能以及对各种利益关系的调适作用。[2]毋庸置疑的是，现行著作权法体系的法哲学基础是自然权理论。[3]尽管有些学者主张，现行著作权法整体上选择了功利主义指导思想，但也承认在某些制度环节上借鉴了欧洲大陆的一些极富自然权学说或者人格学说色彩的制度规则。[4]倘若仅从体系构成来看，现行著作权法条文的构造有着浓厚的大陆法系作者权制度的色彩。

英美法系的版权法和大陆法系的著作权法均产生于 18 世纪

---

〔1〕 参见葛江虬：《"知假买假"：基于功能主义的评价标准构建与实践应用》，《法学家》2020 年第 1 期，第 160 页。

〔2〕 参见杨涛：《知识产权专有性特质的理论阐释》，《法制与社会发展》2020 年第 3 期，第 157 页。

〔3〕 参见张玲：《署名权主体规则的困惑及思考》，《中国法学》2017 年第 2 期，第 108 页。

〔4〕 参见崔国斌：《知识产权法官造法批判》，《中国法学》2006 年第 1 期，第 152 页。

工业革命前夕，均以作品是个人独立创作的社会事实为立法前提。但进入 19 世纪后，版权法和著作权法逐渐分道扬镳，分别演变成版权（copyright）体系和作者权（author's right）体系。其中，版权体系起源于英国，主要为英美法系的国家所采纳；而作者权体系起源于法国，主要为大陆法系国家所采纳。[1] 在法哲学层面，版权体系与作者权体系对著作权的正当性有不同的诠释。一方面，版权体系的国家虽然在建立著作权制度之初或多或少地借用了自然权理论，尤其是洛克（John Locke）的劳动所有权理论[2]，但在 19 世纪之后，版权体系逐渐地疏离了自然权理论，更多地从功利主义理论的角度看待著作权。[3] 另一方面，作者权体系的国家虽然在工业革命时期深受劳动所有权理论的影响，但在 19 世纪末，这一传统思想却受到黑格尔（G. W. F. Hegel）的人格所有权理论的挑战[4]，即该理论认为作品虽然具有可商业利用的财产价值，但作品更是作者人格的投射，而且人格作为作品的主要价值优于其财产价值，财产利益应从属于人格利益。[5] 一般而言，在人格所有权理论的影响之下，作者权体系通常是先规定作者的人格利益，再规定作者的财产利益。[6]

---

〔1〕 参见李明德：《两大法系背景下的作品保护制度》，《知识产权》2020 年第 7 期，第 3 页。

〔2〕 参见［英］洛克：《政府论（下篇）》，叶启芳、翟菊农译，商务印书馆 1964 年版，第 18-27 页。

〔3〕 参见［英］吉米·边沁：《立法理论》，李贵方等译，中国人民公安大学出版社 2004 年版，第 138-140 页。

〔4〕 参见［德］黑格尔：《法哲学原理》，范扬、张企泰译，商务印书馆 1961 年版，第 50-52 页。以黑格尔和康德的人格所有权理论为中心分析其对德国和法国等国家著作权法发展的影响的研究，参见：Neil W. Netanel, *Copyright Alienability Restrictions and the Enhancement of Author Autonomy: A Normative Evaluation*, Rutgers Law Journal, Vol. 24, No.2, 1993, pp. 347, 374-382.

〔5〕 参见孙新强：《论作者权体系的崩溃与重建》，《清华法学》2014 年第 2 期，第 130 页。

〔6〕 例如，法国《著作权法》第 121 条和第 122 条，德国《著作权法》第 12 条至第 27 条。

众所周知，中国历史上第一部现代著作权法是1910年清政府颁布的《大清著作权律》。[1]从制度体系的角度来看，其包含大量的作者权体系的特点和痕迹。[2]其原因是，日本于明治维新时期引进德国、法国等大陆法系国家的作者权制度，随后清政府民政部在修订法律大臣沈家本的授意下，邀请几名日本法学专家，重点参照了1899年日本的《著作权法》，同时又吸收了英美法系的注册登记原则，最终起草了著作权法草案。[3]质言之，《大清著作权律》就是移植日本《著作权法》的产物。[4]其后，北洋政府1915年颁布的《著作权法》，南京政府1928年颁布的《著作权法》，均没有超出《大清著作权律》的范围。现行著作权法是1991年颁布的《中华人民共和国著作权法》，同样借鉴作者权体系的做法，既规定了作者的人格利益，也规定了作者的财产利益。因此，从著作权制度的谱系来看，现行著作权法的条文构造维持了作者权体系中重视人格利益的特征，留有自然权理论的痕迹。

（二）现行著作权法的构造

就著作财产权而言，传统的物权框架为著作权法的构造提供了参考模型。[5]遵循物权构造的逻辑，现行著作权法按照著作权客体、著作权主体、著作权内容、著作权限制、著作权的经济性利用、著作邻接权、著作权侵权的顺序构建条文体系，而该体系

---

[1] 中国著作权制度的历史进程，参见周林、李明山主编：《中国版权史研究文献》，中国方正出版社1999年版。

[2] 《大清著作权律》名称中即用"著作权"一词，原因是该法制定时以1899年日本的《著作权法》为蓝本。参见韦之：《〈大清著作权律〉关键词辨析》，《电子知识产权》2010年第11期，第65页。

[3] 参见杨明：《制度与文本：〈大清著作权律〉的历史审视》，《华中科技大学学报（社会科学版）》2013年第5期，第62页。

[4] 参见王兰萍：《近代中国著作权法的成长（1903-1910）》，北京大学出版社2006年版，第99页。

[5] 参见杨涛：《知识产权专有性特质的理论阐释》，《法制与社会发展》2020年第3期，第165页。

具有浓厚的自然权理论色彩。[1]尽管最近完成了《著作权法》第三次修订，但现行《著作权法》在处理著作财产权时仍然拘泥于物权构造，并没有改变源自 19 世纪的著作权基本制度框架。

不可否认的是，著作权具有类似于物权的特点，例如在著作权侵权方面承认停止侵害请求权，且在转让、继承和担保权的设定等方面与所有权的规定类似，因而著作权也常被称为"准物权"。[2]国内学者认为，无形财产的存在实际上是"物化思维"的产物。[3]然而，尽管著作权借用了物权构造，但其属性与物权并不完全相同。著作权与物权最大的区别在于是否适用返还请求权（《民法典》第 235 条、第 460 条）。对于物权的客体而言（《民法典》第 115 条），所有权人要实现物的支配和完整利用，必须拥有排除他人支配或利用的权利。例如，若自行车被他人盗走，其所有权人将不能再使用该自行车。由此，作为所有权的效力，有体物的返还请求权得以正当化。与此相对，著作权的客体具有消费非竞争性（non-rivalrous）特征。所谓消费非竞争性，是指多数人共同消费并不会要求增加物品的量，准确说是增加额外消费者的边际成本几乎为零。[4]换言之，对于著作权的客体而言（《著作权法》第 3 条），第三人无须从权利者手中夺取并占有作品，其可以在任何时间任何地点利用该作品。同时，第三人未经许可利用作品的行为并不会妨碍权利人对该作品的利用。例如，若某小说在未经许可的情况下被他人抄袭，小说的作者并不会因此失去复制、

---

〔1〕　参见付继存：《著作权绝对主义之反思》，《河北法学》2017 年第 7 期，第 46 页。

〔2〕　参见张玉敏：《知识产权的概念和法律特征》，《现代法学》2001 年第 5 期，第 110 页。对此，有学者主张，在尊重知识产权民事属性的前提下，摆脱长期以来的"准物权"思路，而直面知识产权对象自身的独立性。参见李琛：《著作权基本理论批判》，知识产权出版社 2013 年版，第 1 页。

〔3〕　参见马俊驹、梅夏英：《无形财产的理论和立法问题》，《中国法学》2001 年第 2 期，第 103 页。

〔4〕　纪海龙：《数据的私法定位与保护》，《法学研究》2018 年第 6 期，第 81 页。

出版该小说的自由。因此，尽管现行著作权法采用了物权构造，但其并未规定返还请求权。对于消费非竞争性客体而言，若要实现返还请求权的法律效果，只需设定禁止他人利用行为的排他权即可。

三、权利范式的现实困境

（一）权利范式的错误认知

静态思维（static thinking）是一种趋于定型化、稳定的思维活动，它要求思维从固定的概念出发，循着固定的思维程序，达到固定的思维成果。[1]主流的著作权法研究往往习惯于静态思维的权利范式，其中最典型的是著作权法教科书（或专著）的编纂体例。国内出版的著作权法教科书大部分采用权利范式，即按照现行著作权法条文的顺序构建叙述框架。尽管近年来出现一些尝试采用动态思维的著作权法教科书[2]，但其在重视著作人身权以及处理著作财产权时遵循物权构造这两大基本问题方面，与以往的著作权法教科书并无不同。但问题是，著作权法学者对现行著作权法条文的构造都未曾提出这样的质疑：现行著作权法条文的构造具有浓厚的自然权理论色彩，且在处理著作财产权时拘泥于物权构造，其理由是否在于将著作权误解为与所有权具有相同属性的权利？

1.著作权的积极利用权抑或消极排他权

现行著作权法的条文是将著作权视为积极利用权，即著作权是权利人自己利用作品的权利作为前提构建的体系。而实际上，这是将著作权误解为与所有权一样包含积极利用权的权利的结果。依据《民法典》第123条的规定，作为知识产权的著作权是权利人依法就其作品享有的专有性权利。通说认为，著作权是

---

[1] 参见李淮春等：《现代思维方式与领导活动》，求是出版社1987年版，第156页。
[2] 例如，李雨峰、王迁、刘有东：《著作权法》，厦门大学出版社2006年版。

一种专有性的民事权利[1]，而在法教义学上通常将专有性解释为排他性。[2]这意味着，所谓专有性权利并非权利人自己利用作品的积极利用权，而是当他人未经许可利用作品时，权利人禁止他人利用行为的消极排他权。[3]譬如，甲未经许可擅自基于乙的作品进行二次创作，尽管甲对其二次创作的作品享有著作权，但甲依旧构成对乙作品的著作权侵权。因此，在未经原作者许可创作的情况下，即使拥有改编作品的著作权，也不能擅自利用该改编作品。但即便如此，也不妨碍禁止他人未经许可利用该改编作品的行为。显然，"专有性权利"这一用词使得著作权被误解为包含积极利用权的权利，而这不过是望文生义的结果而已。尽管存在著作权人可以独占地利用作品的情形，但那只是禁止他人利用行为后产生排他效力的结果。[4]据此，将著作权理解为积极利用权的观点是值得商榷的。

2.著作权法条文的误导作用

现行著作权法条文的构造极易诱导出倾向于自然权理论的思维模式，使人们误以为只要付出劳动创作出作品，就可以积极利用该作品。如前所述，现行著作权法误将著作权视为积极利用权，并以此为前提构建其条文体系。其结果是"权利内容"和"权利侵害"被明显地区分，且在条文体系中相距甚远。例如，复制权、表演权、改编权等"权利内容"规定于《著作权法》第10条，而"权利侵害"规定于与之相距较远的《著作权法》第49条。基于权利范式的思维模式，起草者将著作权理解为著作权人自己利用作品的权利，而将"权利侵害"理解为保障"权利内容"的手段，所以才如此安排"权利内容"和"权利侵害"的体系位置。然而，

---

[1] 参见郑成思：《知识产权法》（第2版），法律出版社2003年版，第12页；吴汉东主编：《知识产权法学》，北京大学出版社2002年版，第68页。

[2] 参见王迁：《知识产权法教程》（第7版），中国人民大学出版社2021年版，第7页。

[3] 持有反对意见的文献，参见李琛：《论〈民法总则〉知识产权条款中的"专有"》，《知识产权》2017年第5期，第15页。

[4] 田村善之『機能的知的財産法の理論』（信山社，1996年）5頁参照。

复制权、表演权、改编权等"权利内容"并非著作权人自己利用作品的积极利用权，而是著作权人禁止他人利用行为的消极排他权。就"权利内容"和"权利侵害"的关系而言，从著作权侵权的认定需满足接触、实质性相似和法定利用行为（即，权利内容）三个要件可以看出，所谓"权利内容"只是"权利侵害"的构成要件而已。

（二）权利范式的现实困境

现行著作权法条文的构造具有浓厚的自然权理论色彩。倘若按照现行著作权法的逻辑采用静态思维的权利范式，究竟会面临何种问题？

1.著作权保护与行动自由之间的博弈

静态思维的权利范式普遍认为，著作权法是保护作者权利的法律。然而从法律史的角度来看，随着社会、技术环境的变化，著作权法早已从保护作者权利的法律转换为过度限制使用者行动自由的法律。而且，随着大数据、人工智能等技术的发展，著作权法面临着仅靠传统静态思维无法解决的问题，如人工智能生成物的作品如何定性等新型著作权纠纷问题。

著作权法的起源要追溯到 18 世纪初的英国。[1] 随着印刷技术的普及而登场的著作权法，其最初目的是保护出版者的利益。但在资产阶级革命之后，人们对出版业工会的反感日益强烈，于是与保护作者利益的思想相结合，制定了著作权制度。当时的著作权法，以复制禁止权为中心，同时设置了对公开使用行为的规制。直到 20 世纪中期，著作权法的突出特征是复制和传播技术基本掌控在出版者和广播业者手中，并未普及到私人领域。因此，著作权实际上是规制商业竞争的权利，对私人行动自由的介入程

---

[1] 著作权制度的形成，参见［美］马克·罗斯：《版权的起源》，杨明译，商务印书馆2018 年版，第 45–63 页。

度很小。而到 20 世纪后半期，录音、录像、复印等复制技术逐渐渗透到私人领域，著作权法从原先的规制商业竞争的法律开始转变为规制私人行动自由的法律，这引发了严重损害人们活动自由的问题。而且，随着互联网时代的到来，由于数字化复制技术和大众传媒技术得到普及，并且信息通信网络的日益完备，任何人都可以面向公众传播作品和其他信息，私人领域和公共领域浑然一体化，变得难以区分。其结果是，复制禁止权中心主义和对公开使用行为的规制，作为防止过度干预私人行动自由的机制都不再发挥作用。[1]进入 21 世纪以来，著作权法尚未完全适应复制技术和传播技术所带来的重大冲击，随着物联网、大数据、人工智能等技术的进步，以复制禁止权中心主义为特征的著作权法体系再次面临严重挑战。由此，著作权保护的实效性遭遇空前危机，如何防止著作权法过度插足私人领域也成了棘手问题。[2]

2.著作权法条文与使用者普遍认知之间的偏差

如前所述，在现行著作权法的框架内，著作权保护与私人行动自由之间的平衡已遭遇严重挑战。其导致的结果是，著作权法条文与使用者普遍认知之间存在较大偏差。[3]例如，倘若严格遵守《著作权法》第 24 条第 1 项的文本规定，那么应将私人复制解释为在家庭范围内以非商业性目的进行的复制。由此，不仅是企业内部的复印、发邮件等日常发生的复制，就连在操场上堆砌卡

---

〔1〕 田村善之「日本の著作権法のリフォーム論——デジタル化時代・インターネット時代の "構造的課題" の克服に向けて」知的財産法政策学研究 44 号（2014 年）66-69 頁参照。

〔2〕 关于著作权法的四次浪潮，参见李扬：《著作权法的四次浪潮及其司法回应》，《人民论坛》2019 年第 10 期，第 82 页。

〔3〕 有学者指出，如果严格按照著作权法条文的文本规定来适用，则会造成使用者在日常生活中所做的许多行为均构成著作权侵权的荒唐局面，同时亦会导致法律规定与使用者普遍认知相背离。See Jessica Litman, *The Exclusive Right to Read*, Cardozo Arts & Entertainment Law Journal, Vol. 13, No.1, 1994, pp. 29, 34-35.

通人物形象的雪人等校园内的复制，都有可能成为著作权法所禁止的利用行为。此外，如果严格解释《著作权法》第24条第2项规定的适当引用，即使是使用者认为不违法的非商业性利用行为，如在抖音平台发布短视频，或者在微信朋友圈上传以他人艺术作品为主要拍摄背景的日常照片，也有可能受到著作权法的限制。虽然上述行为均可能构成侵权，但在现实生活中很少引起诉讼。其理由是，权利人难以发现企业内部、校园内的利用行为，或因维权成本过高而放弃诉讼。换言之，正因为所谓的容忍使用（tolerated use）[1]，人们在不知晓著作权法条文的情况下，会错误地认为其行为未涉及著作权问题，或者误以为著作权人不会行使其权利。

然而，依赖于容忍使用的社会秩序，由于缺乏法律制度的支撑，终究还是不堪一击。即便大多数情况下权利人并不会主动提起诉讼，但如果放任日常生活中频繁发生此类侵权行为，就会使得人们普遍认为著作权法的规范毫无意义，从而诱发过度违反法律的结果，形成不必遵守著作权法的风气。著作权法是通过平衡著作权人与使用者之间的利益，从而推动文化发展的制度。如果著作权与使用者的日常行为相抵触的话，就会导致诸多使用者对著作权法产生怀疑，著作权制度的存在本身也就岌岌可危了。[2]据此，从长远来看，满足于依赖容忍使用的短期性平衡并不能从根本上解决问题。

四、行为规制范式的突破路径

（一）行为规制范式的理论基础

动态思维（dynamic thinking）是一种运动的、调整性的、不断

---

[1] See Tim Wu, *Tolerated Use*, Columbia Journal of Law & the Arts, Vol. 31, No.1, 2008, pp. 617–618.

[2] See Jessica Litman, *Real Copyright Reform*, Iowa Law Review, Vol.96, No.1, 2010, pp. 15–16, 18, 25.

择优化的思维活动，它的根本特点是根据不断变化的环境、条件来改变自己的思维程序、思维方向，对事物进行调整、控制，从而达到优化的思维目标。[1]著作权法学者在学理层面对著作权法进行体系建构时，没有必要遵循现行著作权法基于错误认知构建的体系，而是可以依据动态思维尝试构建多元的著作权法体系。

1.著作权："权利"抑或"行为规制"

根据认知语言学，人类在观察和解释现实世界时，往往会受到语言或隐喻的限制。[2]就"著作权"一词而言，其作为对无体"物"（作品）享有的权利而被广泛利用。其前提是世界上存在被人类利用的无体"物"[3]，且无体"物"和利用"行为"之间有明显的区别。然而，无体"物"是人们头脑中虚构出来的概念[4]，无体"物"与利用"行为"的区别亦是相对的。正如田村善之指出：在考察通过网络传播特定计算机软件的行为时，现行著作权法的条文将其定性为向公众传播（＝行为）特定的计算机软件作品（＝无体物）。但在现行专利法中，其定性要依据申请书的权利要求来确定，如果将特定的计算机软件作为发明进行申请，那么网络传播就应当被视为发明的实施"行为"，而如果将计算机软件的网络传播方法作为发明进行申请，那么网络传播方法就应当被视为发明这一无体"物"本身。[5]

因此，从人的"行为"中分离出来的无体"物"，只是人们头脑中虚构出来的概念。所谓无体"物"的实质，其实不过是从人

---

[1] 参见李淮春等：《现代思维方式与领导活动》，求是出版社1987年版，第159页。

[2] 松浦好治『法と比喩』（弘文堂，1992年）3-4頁参照。

[3] 参见马俊驹、梅夏英：《无形财产的理论和立法问题》，《中国法学》2001年第2期，第104页。

[4] See Peter Drahos, *A Philosophy of Intellectual Property*, Dartmouth Publishing Company Limited, 1996, p. 18.

[5] 参见[日]田村善之：《"知识创作物未保护领域"之思维模式的陷阱》，李扬、许清译，《法学家》2010年第4期，第119页。

类多种多样的行为中提炼出相似模式（similitude in pattern），然后为其贴上无体"物"的标签。[1]如此一来，首先将任何行为人都共通的抽象要素视作"行为"，例如著作权法将复制、网络传播等要素作为"行为"分离出来；再次将个别行为中具有不同属性的固有要素视作无体"物"，例如著作权法将其称为"作品"，则应当被规制的"行为"就理所当然地变成了对无体"物"享有的"权利"。此类定义方法，实质上是一种将应当被规制的行为清晰明确地予以特定的法律技术。当然，这种法律技术在面临逐一列举特定权利所禁止的行为过于繁杂的困境时，通过抽象地对某种特定的无体"物"赋予权利的做法，实现了侵权行为范围的具象化，使之更容易为人所理解。[2]

2.著作权的正当性基础

如前所述，著作权的本质是行为规制，而非对作品享有的权利。著作权需要多元化的正当性基础，以功利主义为基调的激励理论作为积极根据的同时，以自然权理论作为其消极根据，从而使得著作权对他人行动自由的限制获得正当性。具体而言，首先，功利主义理论是著作权的积极根据。著作权作为一种行为规制的特权，仅仅凭借某人创作出作品就对他人的行动自由进行限制，实难让人信服。如果仅仅涉及创作者的利益，则使用者的行动自由与创作者的利益相抗衡，无法当然地保护创作者。因此，著作权的正当性基础，除了创作者自身的利益，还应加入有益于更广泛的多数人利益的考虑。换言之，如果对某种搭便车行为不加以规制的话，致力于创作活动的人将大量减少，一般公众就会蒙受利益损失。在此情况下，由于不仅仅涉及创作者的利益，还涉及

---

[1] Wendy J. Gordon（田辺英幸訳）「INTELLECTUAL PROPERTY」知的財産法政策学研究 11 号（2006 年）6-7 頁参照。

[2] 田村善之「muddling through としての法政策学―『多元分散型統御を目指す新世代法政策学』中間報告」新世代法政策学研究 10 号（2010 年）277-283 頁参照。

公共福祉的问题，著作权可以作为限制他人行动自由的积极根据。其次，自然权理论是著作权的消极根据。因为功利主义理论将公共福祉作为著作权的积极根据，最终著作权将会成为基于公共福祉目的而对人们的行动自由进行规制的特权。然而，为了社会整体的多数人利益而规制他人行动自由的目的手段思维模式，作为著作权的正当性基础仍略显不足。此时，某人创作出作品这一命题，虽然无法单独成为著作权的正当性基础，但以著作权的积极根据即功利主义作为大前提，足以使限制他人行动自由的著作权获得消极根据。[1]

（二）行为规制范式的突破路径

如前所述，基于静态思维的权利范式的问题在于著作权保护与行动自由之间的失衡，且导致著作权法条文与使用者普遍认知之间存在较大偏差。那么究竟如何突破权利范式所面临的困境？

1. 行为规制范式的认知优势

行为规制范式认为著作权并不是作者对作品这一无体"物"享有的权利，而是在符合公共福祉的限度内对人们的行动自由进行限制的特权。换言之，著作权的本质是行为规制，其对私人行动自由的限制程度较高。此外，行为规制范式并不拘泥于现行著作权法条文的构造，而是从宏观上观察著作权法的政策形成过程，并通过动态思维来探索新的法学方法论。

如前所述，随着大数据、人工智能等技术的发展，著作权保护的实效性遭遇空前危机。但在现实中，对著作权制度进行根本性改革的行动极其迟缓。其主要原因是，著作权法的政策形成过程中存在结构性的利益偏差。从公共选择理论的观点来看，著作

---

[1] 参见［日］田村善之：《"知识创作物未保护领域"之思维模式的陷阱》，李扬、许清译，《法学家》2010年第4期，第120—121页。

权法的政策形成过程中存在利益表达的非均衡问题。[1] 即在立法过程中少数人集中的、组织化的利益更易体现；相反，多数人分散的、不易组织化的利益却难以体现。其结果是，虽然现行著作权法体现了高度组织化权利人的利益，但分散于社会整体的使用者的利益则逐渐被侵蚀掉了。[2] 正如有学者指出："一些强势知识产权利益集团基于自身优势可以与政府、媒体和学术机构建立某种利益传达机制，进而能够深度影响政府公共政策的运行；而弱势利益集团由于组织化程度比较薄弱，缺乏真正有效的行动能力，因而他们的利益诉求往往难以得到决策者的重视，这种非均衡博弈可能导致公共政策的利益立场陷入个别利益集团的期待之中。"[3]

因此，著作权法的修订经常会受到立法游说的影响，其往往会朝着保护权利人利益的方向进行。但值得注意的是，立法游说其实是产业界经济合理行动的结果。产业界的立法游说，在某种意义上可以为立法决策者制定符合时代需要的法律提供有益的最新信息。由此，产业界参与立法过程其本身不应该被谴责，应看到其存在的意义。

2. 立法与司法之间的职责分立

如前所述，著作权法条文与使用者普遍认知之间存在较大

---

[1]　例如，《企业所得税法》修改过程中，54家跨国公司在2005年初就曾联名上书国务院法制办公室，要求将对外资企业的税收优惠延长5-10年；《邮政法》修订过程中，上海多家民营快递公司联名向全国人民代表大会、国务院、国家发展与改革委员会、信息产业部陈述自身的主张，意图影响立法。参见杨炼：《立法过程中的利益衡量研究》，法律出版社2010年版，第122页。

[2]　关于利益集团影响立法的利弊分析，参见曾祥华等：《立法过程中的利益平衡》，知识产权出版社2011年版，第147-151页；杨德桥：《论利益集团对知识产权法的影响：以〈著作权法〉第三次修改为切入视角》，《法政探索（理论月刊）》2012年第12期，第95-96页。

[3]　刘华、孟琦勋：《公共政策视阈下的知识产权利益集团运作机制研究》，《法商研究》2009年第4期，第127-128页。

偏差。其主要原因是，著作权法的政策形成过程中普遍存在结构性的利益倾斜问题，使用者的利益难以得到体现。法哲学家哈特（H.L.A.Hart）认为，那些即便没有损害赔偿或者刑罚等外部制裁、人们自觉遵守的并认为此种规制是正确的法律，是所谓的不仅具备了外在观点（external perspective），并且取得了内在观点（internal perspective）的法律。[1]在此意义上，现行著作权法属于具备外在观点，但尚未取得内在观点的法律。因此，在以动态思维重构著作权法的体系时，最为理想的体系是既可以纠正政策形成过程中的利益偏差，也可以弥补著作权法条文与使用者普遍认知之间偏差。

立法与司法之间的职责分立，是一种依据现行著作权法中的抽象规范，由法院来纠正政策形成过程中的利益偏差，从而实现著作权人与使用者之间利益平衡的思维模式。既然著作权法的政策形成过程中存在利益倾斜问题，则不应期待通过立法来纠正利益偏差，而应由法院在职责范围内确保私人行动自由的实现。例如，在专利法领域，美国学者伯克（Dan L. Burk）和莱姆利（Mark A. Lemley）认为，作为将政策形成过程的舞台从立法转移到司法的法律技术，我们应着眼于专利法中的创造性、权利要求的内容、等同原则等抽象概念，并将其称之为专利政策的杠杆（Policy Levers）。在此基础上，提倡由司法机关主导的符合创新结构的事后政策。[2]此外，利特曼（Jessica Litman）也认为，在政策形成过程中明显存在利益偏差的著作权法领域，只有使著作权人丧失经济机会的大规模商业性利用才应被视为侵权行为，而这种判断应当交由司法机关来实现，因为司法机关可以维护在立法过程中难

---

[1] 参见［英］哈特：《法律的概念》，张文显等译，中国大百科全书出版社1996年版，第90页。

[2] See Dan L. Burk and Mark A. Lemley, *Policy Levers in Patent Law*, Virginia Law Review, Vol.89, No.7, 2003, p. 1575.

以被反映出来的群体的利益。[1]

上述观点的特点在于，从立法与司法之间职责分立的角度出发，将形成规范的任务交给在政策形成过程中相对不易受到游说影响的司法机关。换言之，法院应当以有利于保障行动自由的方向对著作权法的抽象规范进行解释，来纠正政策形成过程中产生的利益偏差，使之更贴近人们对著作权法的普遍认知。这种方向的解释也有望产生附带效果，即著作权法的规范获得内在观点，促使人们自发地遵守著作权法，提高著作权法的实效性。[2]

五、范式转换的现实意义

（一）体系论：著作权法教科书的编纂体例

随着物联网、大数据、人工智能等技术的进步，著作权法的思维方式需要从静态思维的权利范式转向动态思维的行为规制范式。国内大部分著作权法的教科书均按照现行著作权法条文的顺序构建叙述框架。尽管大部分著作权法教科书在叙述顺序上几乎相同，但其采用的体系观却未必一致。[3]有些学者在其教科书中明确表示采用自然权理论。[4]与此相对，尽管按照现行著作权法条文

---

[1] See Jessica Litman, *Digital Copyright*, New York: Prometheus Books, 2006, pp. 180-186.

[2] Branislav Hazucha（田村善之＝丹澤一成訳）「他人の著作権侵害を助ける技術に対する規律の在り方」知的財産法政策学研究 24 号（2009 年）66-71 頁参照。

[3] 着眼于自然权理论的著作权法教科书，参见李明德：《著作权法概论》，辽海出版社 2005 年版；李明德、许超：《著作权法》（第 2 版），法律出版社 2009 年版；着眼于功利主义理论的著作权法教科书，参见崔国斌：《著作权法：原理与案例》（第 2 版），北京大学出版社 2014 年版；王迁：《著作权法》，中国人民大学出版社 2015 年版；着眼于法定主义理论的著作权法教科书，参见李扬：《著作权法基本原理》，知识产权出版社 2019 年版；着眼于利益平衡理论的著作权法教科书，参见冯晓青：《著作权法》，法律出版社 2010 年版；着眼于宪政理论的著作权法教科书，参见李雨峰：《中国著作权法：原理与材料》，华中科技大学出版社 2014 年版。

[4] 参见李明德：《著作权法概论》，辽海出版社 2005 年版，第 36-37 页；李明德、许超：《著作权法》（第 2 版），法律出版社 2009 年版，第 21-22 页。

的顺序构建叙述框架，但明确表示采用功利主义理论的教科书亦不在少数。[1]然而，现行著作权法条文的构造具有浓厚的自然权理论色彩。倘若以此为前提，即使主张自然权理论的学者在其著作权法教科书中采用静态思维，总体按照现行著作权法条文的顺序安排体例，其叙述顺序和具体解释论仍具有逻辑上的一贯性。[2]但问题是，著作权法教科书的叙述顺序依据现行著作权法的条文而采用静态思维，却在具体解释论中采用功利主义理论的教科书，这将很难实现逻辑上的一贯性。[3]例如，王迁在其著作《著作权法》中涉及具体解释论的问题上明确采用功利主义理论[4]，但在著作权法教科书的叙述顺序上却遵循自然权理论的逻辑，按照现行著作权法条文的顺序编纂体例。因此，教科书的叙述顺序和具体解释论之间存在逻辑上的背离。

那么在动态思维的行为规制范式下，究竟以何种顺序论述著作权法？田村善之的专著是依据功利主义理论构建动态体例的典范。[5]例如，田村善之在其著作《著作权法概说》中认为，著作权需要多元化的正当性基础，以功利主义为基调的激励理论作为积极根据的同时，以自然权理论作为其消极根据，从而使得著作权对他人行动自由的限制获得正当性。因此，在学理层面构建著作权法的体系时，并未按照现行著作权法条文的顺序，即著作权客体、著作权主体、著作权内容、著作权限制、著作权侵权等顺序构建体系，而是采用了独立的编纂体例。具体而言，基于功利主

---

[1] 参见崔国斌：《著作权法：原理与案例》（第2版），北京大学出版社2014年版，第9-10页；王迁：《著作权法》，中国人民大学出版社2015年版，第9页。

[2] 参见李明德：《著作权法概论》，辽海出版社2005年版；李明德、许超：《著作权法》（第2版），法律出版社2009年版。

[3] 参见崔国斌：《著作权法：原理与案例》（第2版），北京大学出版社2014年版；王迁：《著作权法》，中国人民大学出版社2015年版等。

[4] 参见王迁：《著作权法》，中国人民大学出版社2015年版，第162页。

[5] 参见［日］田村善之：《日本知识产权法》，周超、李雨峰、李希同译，知识产权出版社2011年版，第409-505页。

义理论的立场，将著作权视为在符合公共福祉的限度内对人们的行为模式进行规制的政策性权利。既然著作权的本质是行为规制，若不事先确定行为规制的边界，也即著作权的侵权范围（著作权侵权），便无法确定著作权的原始归属问题（著作权主体）。因此，该书按照以下顺序构建了编纂体例：首先论述著作权法所设定的侵权范围，也即著作权侵权的构成要件（作品性、接触、实质性相似、法定利用行为、权利限制）和侵权效果（停止侵权和损害赔偿），其次从权利归属的观点出发论述著作权主体，最后论述著作权的经济性利用。就著作人身权而言，由于无法通过权利移转实现经济性利用，因此将其放在著作权主体篇章中进行论述；就著作邻接权而言，由于其旨在促进作品的经济性利用，因此将其放在经济性利用的篇章中进行论述（见图1）。[1]

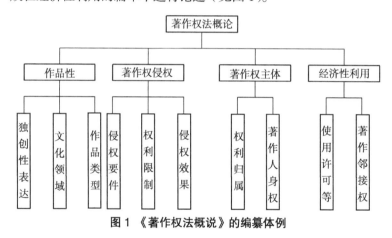

图 1 《著作权法概说》的编纂体例

上述编纂体例使得初学者也能有效地理解诸多制度之间的关联性，体系化地掌握著作权法全貌。针对著作权法缺乏总论的现实问题，该书从独立的理论视角中展开逻辑一贯的体系论述，阐释了著作权法体系性研究的方法。从这个角度来看，田村善之的

---

〔1〕 田村善之『著作権法概説（第2版）』（有斐閣，2001年）はしがきⅲ頁参照。

研究可谓具有先驱般的意义。[1]

（二）立法论：权利限制一般条款的体系化审视

除了著作权法教科书的编纂体例，行为规制范式对著作权法的立法论也具有明确的指导意义。美国学者利特曼曾提出：随着网络技术的普及，人们在日常生活中所做的非商业性利用行为与著作权法条文相抵触的情形频繁出现。因此，为了弥补著作权法条文与使用者普遍认知之间的偏差，我们需要重新审视著作权法的体系。[2]然而，现行著作权法的体系重构并非纯粹的国内法问题，由于《保护文学和艺术作品伯尔尼公约》（下文简称《伯尔尼公约》）亦包含诸多实体规定，因此体系重构亦是一个国际法问题。事实上，《伯尔尼公约》实体规定的修订需要获得全体成员国的一致同意[3]，其基本构造的改革更是一项艰难的任务。那么在此背景下，究竟通过何种途径弥补著作权法条文与使用者普遍认知之间的偏差？

1.权利限制一般条款的立法困境

现行著作权法采用作者权体系的立法模式，穷尽式地列举了权利限制的情形。倘若在现行著作权法中增设权利限制的一般条款，则可以通过司法途径来弥补著作权法条文与使用者普遍认知之间的偏差。然而，学术界在权利限制的一般条款问题上并未形成令人满意的一致性见解。有学者认为立法者应当在类型化条款之外增加一般条款以增加著作权法的弹性[4]，但也有学者认为

---

[1]　山根崇邦「知的財産権の正当化根拠論の現代的意義（1）」知的財産法政策学研究28号（2010年）199頁参照。

[2]　See Jessica Litman, *Real Copyright Reform*, Iowa Law Review, Vol. 96, No. 1, 2010, pp. 41-47, 52.

[3]　参见《伯尔尼公约》第27条第3款。

[4]　参见蒋舸：《论著作权法的"宽进宽出"结构》，《中外法学》2021年第2期，第342页。

一般条款缺乏必要性，因为类型化条款足以解决问题。[1] 在最近的《著作权法》第三次修订中，围绕权利限制中是否引入一般条款的问题，立法决策者采取了谨慎的态度。尽管立法决策者在《著作权法》第 24 条中增加了无须经过权利人许可利用作品的第 13 种情形，即"法律、行政法规规定的其他情形"，但是寄希望于"其他法律、行政法规"增加新的权利限制，显然是不切实际的。[2]

从表面上来看，由于存在对法院自由裁量权的担忧，以及加强知识产权保护背景下对放开著作权限制的谨慎，最终立法才没有引入一般条款。但实际上，若从宏观上放眼整个著作权法的政策形成过程，在《著作权法》第三次修订中增设权利限制的一般条款遭遇挫折，是理所当然的结果。从比较法的视角来看，在 2012 年的日本《著作权法》修订过程中，日本同样讨论过著作权法中是否应当有权利限制一般条款的问题。日本知识产权战略本部在其报告中指出，在穷尽列举的权利限制条款之外，增设一般条款有一定的必要性。[3] 但在实际的政策形成过程中，产业界的反对意见认为，并没有具体的"立法事实"能够证明该项立法的必要性。受此影响，一般条款的立法活动最终还是以失败而告终。[4] 既然著作权法的政策形成过程中存在结构性的利益偏差，那么通过立法引入权利限制的一般条款，就很可能因为特定利益集团的强烈反对而破产。

---

〔1〕 参见孙山：《合理使用"一般条款"驳》，《知识产权》2016 年第 10 期，第 63 页。

〔2〕 参见王迁：《〈著作权法〉修改：关键条款的解读与分析（上）》，《知识产权》2021 年第 1 期，第 35 页。

〔3〕 知的財産戦略本部「デジタル・ネット時代における知財制度の在り方について（報告）」（2008 年）11 頁参照（https://www.kantei.go.jp/jp/singi/titeki2/houkoku/081127digital.pdf，最后访问日期：2021 年 12 月 29 日）。

〔4〕 小泉直樹＝池村聡＝高杉健二「鼎談：平成 24 年著作権法改正と今後の展望」ジュリスト 1449 号（2013 年）14-16 頁参照。

2.权利限制一般条款的功能定位

若采用静态思维的权利范式，著作权法是权利本位的法律。因此，著作权的限制始终属于例外情形，其立法只能采取封闭模式。例如，国内有学者主张，权利限制一般条款的功能是列举的具体情形的考量因素，其灵活性只能借助于频繁修法达成。[1]然而，从立法与司法之间职责分立的角度来看，权利限制的一般条款并不仅仅是著作权的限制条款，它还具有纠正政策形成过程中的利益倾斜问题，弥补著作权法条文与使用者普遍认知之间偏差的功能。现行著作权法面临剧烈的环境变化，存在着由政策形成过程中的利益偏差引起的结构性问题。因此，若要纠正政策形成过程中的利益偏差，最根本的方法是在现行著作权法中设置权利限制的一般条款，并将其具体化工作交给司法机关。尤其是随着物联网、大数据、人工智能等技术的发展，现行著作权法的条文将无法应对纷繁错杂的事物。例如，机器学习[2]、数据挖掘等新型利用行为，都可能需要受到权利限制。然而，穷尽列举的限制条款却很难适应技术变革的步伐。因此，从长远角度讨论著作权制度的立法论时，没有必要将限制条款设计排除在讨论范围之外。

（三）解释论：抽象规范的体系化解读

如前所述，在《著作权法》第三次修订中，新增有利于使用者的权利限制一般条款的尝试遭遇挫折。但合理解释现行著作权法的抽象规范，通过司法的力量也可以弥补著作权法条文与使用者普遍认知之间的偏差，从而维护私人的行动自由。例如，当出现新型著作权侵权纠纷时，法院可以通过解释现有著作权法的抽象规范，如作品定义条款、权利内容条款、适当引用条款等，得

---

〔1〕　参见孙山：《合理使用"一般条款"驳》，《知识产权》2016年第10期，第56页。

〔2〕　参见吴汉东：《人工智能生成作品的著作权法之问》，《中外法学》2020年第3期，第653页。

出纠正政策形成过程中的利益倾斜问题的妥适结论，以此来确保使用者的行动自由。正因如此，国内有学者指出："就立法者或者具备造法作用的重大个案司法者而言，规则内涵并未给定。在规则内涵并非黑白分明时，我们需要从个别规则在整个体系中发挥的作用出发，给规则赋予足以肩负制度分工的内涵，否则整个规则体系将无法正常运转。"[1]

1. 作品定义条款的功能定位

毋庸置疑，作品定义条款（《著作权法》第 3 条）的立法，总体上朝着有利于著作权人的方向修订。例如，就作品类型而言，网络游戏画面、体育赛事直播画面、音乐喷泉等著作权法尚未明确列举的作品类型是否可以受到著作权保护的问题，在司法实践中引发较大争议。对此，肯定论者认为，著作权法中规定的作品类型的首要意义在于例示性而非限定性[2]，符合作品属性的新型表达可受著作权保护。[3] 否定论者则认为，法院创设新的作品类型会导致我国与其他《伯尔尼公约》成员国在保护义务方面的不对等[4]，并且著作权法设置作品类型兜底条款有违立法与司法的权力配置原则。[5] 然而，《著作权法》第三次修订明确采纳了有利于著作权人的开放式立法模式，即立法决策者将《著作权法》第 3 条第 9 项的"法律、行政法规规定的其他作品"改为"符合作品特征的其他智力成果"。这就意味着，封闭式作品类型被改为开放式作品类型，著作权法不再通过对作品类型的规定，而限定可以构

[1] 蒋舸.《论著作权法的"宽进宽出"结构》，《中外法学》2021 年第 2 期，第 330 页。

[2] 参见李琛：《论作品类型化的法律意义》，《知识产权》2018 年第 9 期，第 3 页。

[3] 参见卢纯昕：《法定作品类型外新型创作物的著作权认定研究》，《政治与法律》2021 年第 5 期，第 150 页。

[4] 参见王迁：《论作品类型法定：兼评"音乐喷泉案"》，《法学评论》2019 年第 3 期，第 10 页。

[5] 参见刘银良：《著作权兜底条款的是非与选择》，《法学》2019 年第 11 期，第 118 页。

成作品的表达形式。[1]

因此，在著作权法的领域，政策形成过程被置于黑箱之中，同时以条文解释为主的传统解释论也存在着局限性。法院在利用作品定义条款的抽象规范时，应当充分意识到政策形成过程的利益倾斜问题，并在此基础上展开解释论。第一，在开放式立法模式下，法院在判断新型创作物是否属于著作权客体时，应当审慎适用"符合作品特征的其他智力成果"条款。[2]《著作权法》第三次修订将作品定义条款从封闭式作品类型改为开放式作品类型，意味着作品类型从创设性条款蜕变为确认性条款。换言之，作品定义条款中设置作品类型的理由，并不是为了创设作品的构成要件，而只是为了确认该条款中例示的作品类型均符合"文学、艺术和科学领域"（以下简称"文化领域"）这一作品的构成要件。如此一来，香水气味、瑜伽动作、园艺设计、食品造型等新型创作物的作品性问题，重要的是判断该新型创作物是否属于"文化领域的独创性表达"，而不是拘泥于作品类型的字面意义。[3]第二，在作品定义条款中，思想表达二分法是法院用以纠正政策形成过程中的利益偏向，并确保使用者行动自由的抽象规范。与保护思想的专利法不同，著作权法并不保护思想。其原因在于，著作权法不仅对市场竞争行为进行规制，对个人的文化活动也有着广泛的影响。思想表达二分法是将保护的范围限定为具体的表达，承认思想可以被广泛地自由利用，从而在一定程度上防止著作权法对使用者行动自由产生过度的限制。[4]因此，思想与表达的分

---

[1] 参见王迁：《〈著作权法〉修改：关键条款的解读与分析（上）》，《知识产权》2021年第1期，第22页。

[2] 参见梁志文：《作品类型法定缓和化的理据与路径》，《中外法学》2021年第3期，第684页。

[3] 参见卢纯昕：《法定作品类型外新型创作物的著作权认定研究》，《政治与法律》2021年第5期，第150页。

[4] 田村善之『著作権法概説（第2版）』（有斐閣，2001年）18頁参照。

界，应以创作时可供他人选择的表达范围之大小，即表达自由度为标准进行判断。如果可供选择的表达方式是有限的，应被视为思想的范围便会扩大，著作权的保护范围则相应缩小；与此相反，如果可供选择的表达方式较为丰富，可以被视为表达的范围扩大，著作权的保护范围也相应扩大。[1]

值得注意的是，法院以有利于保障行动自由的方向对作品定义条款进行解释，并不意味着可以过度抬高著作权客体门槛。例如，部分法院和学者对作品定义条款中独创性要件的解释愈发严格。最典型的是在"凤凰网赛事转播案"中，北京知识产权法院认为视听作品与录像制品的差别在于独创性程度的高低，而非独创性的有无，涉案的中超赛事直播画面独创性不足，尚不能构成视听作品。[2]据此，有些学者主张体育赛事直播画面满足较高的独创性标准，才可以作为视听作品获得著作权保护。[3]然而，作品定义条款中的独创性，其功能并非通过抬高著作权客体门槛来确保使用者的行动自由。著作权法所调整的文化领域乃是多样性的世界，其与专利法所规制的技术领域不同，无须追求发展的方向性。[4]为促进文化的多样性，应对作者创作出新型表达这一创作活动进行奖励，通过该奖励，能有多种多样的作品被创作出来，也更有助于文化的繁荣发展。因此，作品定义条款中的独创性并不要求达到一定高度，而是只要创作出与现有作品有所不同的内容，即满足独创性的要求。正因如此，在"凤凰网赛事转播案"的再审判决中，北京市高级人民法院也认为独创性不存在"高低"的问题，只存在"有无"的判断，并认定体育赛事直播画面属于

---

〔1〕 参见丁文杰、张唯瑜：《试论著作权侵权案件中的实质性相似判断》，《复旦大学法律评论》2020 年第 7 辑，第 96 页。

〔2〕 参见北京知识产权法院（2015）京知民终字第 1818 号民事判决书。

〔3〕 参见王迁：《体育赛事现场直播画面著作权保护若干问题：评"凤凰网赛事转播案"再审判决》，《知识产权》2020 年第 11 期，第 30 页。

〔4〕 中山信弘『マルチメディアと著作権』（岩波書店，1996 年）41-42 頁参照。

视听作品。[1]

2.权利内容兜底条款的限缩解释

一般而言，权利内容条款（《著作权法》第10条）的立法，总体上也是朝着有利于著作权人的方向修订。与权利限制不同，著作权法在权利内容中设置了所谓的兜底条款，即《著作权法》第10条第1款第17项规定"应当由著作权人享有的其他权利"。因此，如果仅考虑权利内容条款的字面意义，著作权法权尚未明文规定的情况下，法院适用兜底条款也可谓有据可依。例如，在"足球赛事直播案"中，上海市浦东新区人民法院认为足球赛事直播节目构成类电影作品，被告未经权利人许可，以网络方式直播足球赛事节目侵害了"应当由著作权人享有的其他权利"[2]。然而，从动态思维的角度来看，该问题应作为立法与司法之间职责分立的问题来进行理解。其理由是，法院适用兜底条款认定著作权法尚未明文规定的利用行为构成侵权，意味着法院创设了至今尚未被立法机关承认的新的"权利"，即法官造法。[3]虽然将其归类于兜底条款的法律解释问题也并非不可以，但是创设新的"权利"的任务到底应该交由立法程序来实现，还是交给司法机关来自由裁量，该问题的解答仍需要谨慎的考虑和探讨。

如前所述，著作权法的政策形成过程中存在利益偏差，假定集中的权利人的利益存在问题，则该利益或早或晚会在政策形成中被吸收。因此，即使没有特意通过司法途径给予保护，也可以依靠立法得以解决。例如《著作权法》第三次修订中，立法决策者将《著作权法》第10条第1款第11项的"以无线方式公开广播或传播作品，以有线传播或者转播的方式向公众传播广播的作品"改为"以有线或者无线方式公开传播或者转播作品"，意味着

---

〔1〕　参见北京市高级人民法院（2020）京民再128号民事判决书。

〔2〕　参见上海市浦东新区人民法院（2017）沪0115民初88829号民事判决书。

〔3〕　参见崔国斌：《知识产权法官造法批判》，《中国法学》2006年第1期，第145页。

无线传播、有线传播、非交互式网络传播等初始传播行为都会受到广播权的规制。因此，当著作权人的利益在政策形成过程中容易被反映的情况下，理应期待通过立法路径予以纠正，而非由法院积极适用兜底条款来创设新的权利内容。

3.适当引用条款的扩张解释

如前所述，现行著作权法中并不存在权利限制的一般条款，而是以穷尽列举的方式实现对权利限制的清晰界定。在静态思维的权利范式下，著作权限制条款是对著作权人享有的权利内容加以限制的"例外情形"，理应对其进行限缩解释。然而，以"例外"的穷尽列举条款为由，主张对权利限制条款施以限缩解释略显不妥。特别是，在政策形成过程中存在利益偏差的情况下，既然无法期待在现行著作权法中引入一般条款，那么法院对现有权利限制条款中的抽象规范进行扩张解释，也可以实现著作权保护与行动自由之间的平衡。例如，在权利限制条款中，《著作权法》第 24 条第 1 款第 1 项的私人复制条款与第 2 项的适当引用条款具有高度抽象性，有较大的解释空间。然而在司法实践中，由于著作权人对使用者的非商业性利用行使权利的积极性低，因而涉及私人复制条款的案例极为稀少。因此，难以期待通过法院对私人复制条款进行扩张解释，来纠正政策形成过程中的利益偏差。相比之下，涉及适当引用条款的案例已大量出现，通过对该条款的扩张解释，可以防止出现过度限制使用者行动自由的后果。

美国学者温迪·J.戈登（Wendy J. Gordon）所推崇的市场失灵理论，为适当引用条款的法律解释提供了有益借鉴。[1]市场失灵是指市场无法有效率地配置资源的情况，当事人之间无法通过市场交易实现著作权的变动时，合理使用通过限制排他性的著作权，

---

[1] See Wendy J. Gordon, *Fair Use as Market Failure: A Structural and Economic Analysis of the Betamax Case and its Predecessors*, Columbia Law Review, Vol. 82, No. 8, 1982, p. 1600.

让使用者能够越过权利人的许可而自由利用作品，以此降低公众利用信息的成本。[1]具体而言，市场失灵需满足三个要件：第一，使用者无法在市场上获得作品的利用许可；第二，将作品的利用权移交给使用者有利于公共福祉；第三，著作权人的创作激励不会因使用者的行为而受到实质影响。在此理论框架下，市场失灵并不意味着著作权必然会受到限制。即使存在市场失灵的情形，如果允许某种利用行为会导致作品创作的积极性过度受损，则该利用行为并不构成合理使用。换言之，市场失灵与创作激励的组合，可以防止对著作权限制的无限扩大。

我国法院在适用适当引用条款的时候，并未将市场失灵作为理论支撑，因此在著作权人创新激励与使用者行动自由的选择上一直摇摆不定。然而，考虑到著作权法的政策形成过程中难以体现分散的使用者的利益，则应当期待司法能够更加大胆地介入其中。《著作权法》第 24 条第 1 款第 2 项所规定的"介绍、评论某一作品或者说明某一问题"这一要件，并非用以限定适当引用条款的适用场景，而只是根据使用者的表达目的，来判断达成该表达目的的手段是否恰当。既然如此，可以对适当引用条款进行扩张解释。例如，同人作品[2]、戏仿类短视频等著作权纠纷问题，"法院应当考虑二次创作的分散性和市场失灵的可能性，弹性解释'适当引用'等合理使用的情形，给有利于社会的作品利用行为提供足够的空间。"[3]

六、结　语

体系化思维是人类智慧的自然倾向。法学的体系化思维，是

---

[1]　参见熊琦:《论著作权合理使用制度的适用范围》,《法学家》2011 年第 1 期,第 87-88 页。

[2]　参见广州市天河区人民法院（2016）粤 0106 民初 12068 号民事判决书。

[3]　蒋舸:《论著作权法的"宽进宽出"结构》,《中外法学》2021 年第 2 期,第 342 页。

人们理解世界的渴望在法学领域的折射，是人类追求至善的本性使然。[1]在人工智能时代，重新审视著作权法的体系问题，"它不仅有助于概观及实际的工作；它也成为借助那些——透过体系才清楚显现的——脉络关联以发现新知的根源，因此也是法秩序继续发展的基础"[2]。然而，静态思维的权利范式并未从宏观上对著作权法进行整体观察，即缺乏体系化思维。本章立足于动态思维的行为规制范式，尝试从学理层面对著作权法进行体系化解读，以期能够为著作权法知识体系的建构贡献绵薄之力。

---

[1]　参见李琛:《论知识产权法的体系化》，北京大学出版社 2005 年版，第 17 页。

[2]　[德]卡尔·拉伦茨:《法学方法论》，陈爱娥译，商务印书馆 2003 年版，第 45 页。

第二章
接触要件的基本内涵及认定规则

一、问题的提出

在著作权侵权认定中，"接触 + 实质性相似 + 法定利用行为"是认定侵权行为成立的重要考虑要素。尽管如此，目前我国围绕接触要件的讨论仍旧十分有限。具体而言，首先，在国内主流期刊中系统全面地研究接触要件的学术论文可谓凤毛麟角。笔者以著作权法的"接触""实质性相似"作为期刊全文的检索词，在中国知网上检索到的期刊论文达 1389 篇之多，但是绝大部分文献以实质性相似的判断标准作为中心论题展开探讨，而体系化研究接触要件的文献有且仅有 1 篇。[1]其次，在司法实践中，几乎不存在认定实质性相似后否定接触要件成立的案件。因而近来的相关裁判案例中，接触要件完全没有作为独立的要件行使其机能，在裁判文书中甚至未被提及。例如，在"乐元素诉古川案"中，北京市海淀区人民法院以被告未经许可使用与原告的《开心消消乐》游戏相同或近似的图片作为其游戏 App 的图标为由，直接判定被告的利用行为侵犯了原告享有的著作权。[2]由此引发的思考是：在著作权侵权认定中，接触要件和实质性相似是否是彼此独立且并

---

* 本章主要内容曾发表于《知识产权》2019 年第 3 期。

〔1〕 周小舟：《论接触要件在剽窃案中的程序和实质意义：从〈小站〉案切入》，《华东政法大学学报》2016 年第 2 期，第 108 页。

〔2〕 参见北京海淀法院网，http://bjhdfy.chinacourt.org/public/detail.php?id=4444，2019 年 2 月 28 日访问。

行的判断要件？如果认为接触要件具有其独立存在的意义的话，那么接触要件的具体内涵应当作何理解，以及在此基础上，当事人之间举证责任又应当如何分配？本章从理论和司法实践的角度出发，主要围绕以上三个问题进行探讨。

二、接触要件的旨趣

成立著作权侵权，应当满足如下三个要件：被告作品基于原告作品产生（接触要件），被告作品中再现原告作品中具有独创性的表达内容（实质性相似），以及著作权法中规定的受著作权规制的利用行为（法定利用行为）。[1]

其中，关于接触要件和实质性相似是否是彼此独立且并行的要件这一问题，由于司法实践中几乎不存在认定了实质性相似后否认接触要件的情况，文献中出现了将接触要件作为实质性相似的附随要件的观点。例如，吴汉东认为，"在司法实践中，作为侵权行为的认定规则，行为要素（接触）与作品或技术要素（实质性相似）的分析是相关联的但并不是等同的，质言之，'实质性相似'的证明与认定处于更为重要的地位，'实质性相似'的法律本质是保护作品或技术基于创造性的经济价值，即独创性的思想表达或首创性的思想内容。在诉争作品或技术构成'实质性相似'的情况下，方产生证明与认定被控侵权行为人有'接触'事实之必要。"[2] 此外，吴汉东将著作权侵权中的接触要件与接触权等同

---

[1]　田村善之『知的財産法（第5版）』（有斐閣，2010年）438页参照。

[2]　吴汉东：《试论"实质性相似＋接触"的侵权认定规则》，《法学》2015年第8期，第66-67页。同时，吴汉东认为，"实质性相似＋接触"规则适用于著作权、专利权和商业秘密保护领域，是对侵权行为认定之法律适用的理论概括和司法经验总结。然而，在专利保护领域，根据先申请原则，专利权授予最先向国家知识产权局提出专利申请的人，后申请的人即便从未接触过在先申请的专利，仍旧无法取得专利权，该发明也无法实施。因此，这一观点还值得商榷。

视之[1]，以"正当使用"的理论就接触要件的存在意义进行了以下说明："接触权制度创设的初衷，在于解决后任创造者以创造新的智力成果为目的而利用前任创造者的智力成果的问题。以创造新知识为目的的使用，与以非营利的学习、研究、教育为目的的使用，都在知识产权法允许的范围之内，概言之，正当使用原则即是判断接触并利用他人智力成果之合理性的基本尺度。"[2]

　　然而，暂且不论接触要件究竟能否与接触权等同视之，如果从"正当使用"的观点来看这个问题，即使只是偶然的相似，即在完全未接触过现有作品的情况下创作而成的作品与该现有作品相似之时，只要利用行为超出上述"正当使用"的范围，即构成著作权侵权。著作权基于创作行为产生，登记并非其生效要件，即便主观上意图创作与他人作品不同的作品，如果由于客观上偶然存在与其相似的作品，便追究其著作权侵权责任的话，对独立创作人而言不具有可预测性，从而导致创作活动的萎缩（积极理由）。此外，文化的世界具有多样性，与他人创作的作品偶然相似这样的情形并不常见。将独立创作的情形排除出著作权的权利范围，对权利人而言影响甚微（消极理由）。[3]在文化的世界中，创作出与他人不同的作品即具有价值，因此为鼓励独立创作，独立创作的作品应当被排除在著作权的权利范围外。

　　如此，将保障独立创作的自由，促进多样化作品的创作，助力文化发展作为接触要件的意义来看的话，接触要件与《最高人民法院关于审理著作权民事纠纷案件适用法律若干问题的解释》

---

〔1〕　关于接触权，参见熊琦：《论"接触权"：著作财产权类型化的不足与克服》，《法律科学》2008年第5期，第88页。

〔2〕　吴汉东：《试论"实质性相似+接触"的侵权认定规则》，《法学》2015年第8期，第66页。

〔3〕　田村善之『著作権法概説（第2版）』（有斐閣，2001年）49頁；丁文杰「キャラクターの絵画的表現の保護範囲」知的財産法政策学研究30号（2010年）221頁参照。

（2002年）第15条的关系便值得深究。第15条规定："由不同作者就同一题材创作的作品，作品的表达系独立完成并且有创作性的，应当认定作者各自享有独立著作权。"然而，此处应当注意的是，接触仅作为侵权行为要件，而非权利发生要件。前者探讨的是自身行为是否会被他人禁止的问题，后者则是关于自己是否有权禁止他人行为的问题。而著作权是一种禁止他人特定行为的权利，取得著作权并不意味着对该作品的利用行为受到法律保护。例如，X未经允许擅自基于Y的作品进行二次创作，尽管X对其二次创作的作品享有著作权，但由于其接触过Y的作品，X依旧构成对Y作品的著作权侵权行为。的确，第15条明确了独立创作时著作权的归属问题，但对为何独立创作的行为不构成著作权侵权这一问题却依旧未能给出明确的答案。简言之，独立创作的行为之所以不构成著作权侵权，并非由于独立创作人已基于第15条取得著作权，而是因为此时著作权侵害要件之一的接触要件未被满足。

　　总而言之，接触要件不是讨论创作者是否存在接触过他人作品这一事实的行为论要件，而是讨论作者是否独立进行创作的要件。在此意义上，接触要件并非实质性相似的附随性要件，而应当被认为是对著作权侵权判断具有独立价值的要件之一。[1]

三、接触要件的基本内涵

　　随之而来需要讨论的是接触要件的具体内涵应当如何理解的问题。著作权法中不存在"接触"这样的用词。而与之相对，在司法实践中，主流的思考模式是将被告是否有接触原告作品的可

---

[1] 参见张玲玲、张传磊：《改编权相关问题及其侵权判定方法》，《知识产权》2015年第8期，第33页。也有学者认为，接触要件有其独立的程序意义和实质意义，不应沦为实质性相似要件的附庸。参见周小舟：《论接触要件在剽窃案中的程序和实质意义：从〈小站〉案切入》，《华东政法大学学报》2016年第2期，第108页。

能性作为接触要件的具体内涵。例如，在"李鹏诉石钟山案"中，北京市第二中级人民法院认为，"所谓'接触'，是指在先作品可为公众获得，或者由于某种特殊原因，使在后创作者有机会获得该作品。"[1]另外，在"琼瑶诉于正案"中，北京市高级人民法院也认为，"接触是指被诉侵权人有机会接触到、了解到或者感受到权利人享有著作权的作品。"[2]因此，有学者根据该定义指出，接触要件所要求的是可能性，即被告有机会看到、了解到或感受到原告作品。[3]

以上判决和学说的共通之处是，将著作权侵权中的接触要件，比起是否通过所见、所闻、所读而实际感知了原告作品，更偏向于将其理解为上述感知存在的盖然性要件。换言之，即通过对原告作品的接触可能性而拟制接触要件。但是，如果仅以有无接触原告作品的可能性来判断接触要件的话，将会导致接触要件保障独立创作自由的功能荡然无存。[4]毕竟有无接触原告作品的可能，不过是推定接触要件的间接事实而已，应当作为后文所述接触要件的举证方法的问题来进行讨论。

（一）主观事实说与客观事实说

日本对接触要件也并未作明文规定。这一要件是日本最高裁判所在"东京雨夜案"中加以确认的。日本最高裁判所指出，"没有接触现有作品的机会，从而对其存在及内容均无所知悉之人，无论对不知悉本身是否存在过失，由于其不存在接触现有作品进行作品复制的可能，即使创作了与现有作品相同的作品，也不应

---

〔1〕 北京市第二中级人民法院（2008）二中民终字第 02232 号民事判决书。

〔2〕 北京市高级人民法院（2015）高民（知）终字第 1039 号民事判决书。

〔3〕 参见崔立红：《音乐作品抄袭的版权侵权认定标准及其抗辩》，《山东大学学报》2012年第 1 期，第 105 页。

〔4〕 龍村全「著作権侵害における『依拠』論と著作権侵害による差止請求の帰責原理」中山信弘編『知的財産・コンピュータと法（野村豊弘先生古稀記念論文集）』（商事法務，2016 年）85 頁参照。

当因此承担著作权侵权的责任。"[1] 换言之，日本最高裁判所将接触要件与是否知悉现有作品的存在、内容相联系，把接触要件作为主观事实来看待。

受上述最高裁判决的影响，学界也多将接触要件的具体内容理解为主观事实。例如，西田美昭认为，"根据现有作品创作了作品或作品的一部分是指，具体举例而言，打开他人作品，阅读上面的文字并认识其内容，然后将其表达原封不动用于自己作品中；或是将他人作品的主旨归纳总结或表达进行修改后用于自己作品中；或是通过将他人作品的内容作为素材用于自己作品的原稿中这种方式，在了解现有作品表达的内容的基础上，在一定程度上利用该作品以创造自己作品等行为。"[2] 换言之，西田美昭主张接触要件是指，认识现有作品的表达、内容，并有将其运用在自身作品上的意思。[3]

实际上，尽管为数不多，但我国学说中也存在与主观事实说相类似立场的见解。例如，熊琦认为，"所谓'接触'，实为考察行为人是否存在主观过错的一种方式，即涉嫌侵权作品与原作品的相似是否存在'有意'的可能，毕竟出现表达上的相似虽属罕见，但也并非完全不存在，证明有接触被侵权作品的事实，是为了认定这种相似并非创作上的巧合。"[4] 然而，采用主观事实说时

〔1〕 最高裁判所 1978 年 9 月 7 日判决，最高裁判所民事判例集 32 卷 6 号 1145 頁。
〔2〕 西田美昭「複製権の侵害の判断の基本的考え方」斉藤博＝牧野利秋編『裁判実務大系 27 知的財産関係訴訟法』（青林書院，1997 年）127 頁。
〔3〕 对主观的事实内容的理解，日本学者各持己见。比方说，有学者认为，成立接触要件，被告应当对既存作品的存在及内容有所认知（光石俊郎「著作権法における依拠について」中山信弘＝小島武司編『知的財産権の現代的課題』（信山社，1995 年）301 頁参照。）；亦有学者提出，只要被告具有将既存作品用于自身中的意思即可（三好豊「複製権侵害について」牧野利秋ほか編『知的財産法の理論と実務 4 著作権法・意匠法』（新日本法規，2007 年）188 頁参照。）。
〔4〕 熊琦：《"接触＋实质性相似"是版权侵权认定的"神器"吗？》，《中国知识产权报》2017 年第 10 版，第 1 页。

存在以下问题。首先，机械复制，例如当事人在不知悉书籍内容的情况下通过复写机复印了书籍，或是不通日语的人复印日语文献，或是不清楚程序的内容便复制了 CD 光盘等情形下，如果采用主观事实说，由于机械复制行为缺乏对表达内容的认识或存在使用、利用的意思，因而不构成接触要件的成立。其次，无意识地复制（unconscious copying），例如过去曾接触过，继而留存在创作者记忆中的现有作品，在创作过程中被创作者无意识间使用，从而导致其作品与现有作品实质性相似的情形下，由于很难说创作者是在知晓现有作品的情况下进行的创作，根据主观事实说这种情形亦不满足接触要件的成立条件。然而，如前所述，接触要件关注的是作者是否独立进行创作的问题，无论是机械复制，还是无意识地复制，均不属于独立创作，应当被认作是符合接触要件的条件的行为。因此，从判断是否独立进行创作这一接触要件的旨趣来看的话，以"将现有作品用于自身作品中"这一客观事实作为接触要件的具体内涵而加以理解的观点则更为妥当。[1]

（二）接触要件与过错要件的关系

继而需要讨论的是接触要件与过错要件之间的关系。简单来说，接触要件是著作权侵权成立的要件，而过错要件则是侵权成立后侵权人承担损害赔偿的要件。从机能上的差异区分接触要件与过错要件是很有必要的。接下来笔者将围绕两者关系简要进行讨论。

第一，接触要件的成立是否以过错为前提。通常对著作权侵权的成立而言，尽管接触要件是必不可少的，但故意却并非必要。[2]问题在于如何对过失展开评价。在前述日本最高裁判决

---

〔1〕 山本隆司「複製権侵害の成否」牧野利秋＝飯村敏明編『新・裁判実務大系著作権関係訴訟法』（青林書院，2004 年）320 頁参照；安藤和宏「アメリカ著作権法における無意識の依拠に関する一考察」東洋法学 59 巻 1 号（2015 年）247 頁参照。

〔2〕 田村善之『著作権法概説（第 2 版）』（有斐閣，2001 年）50 頁参照。

中，法院对当事人就其对现有作品的存在及内容的不知悉是否存在过失未做讨论。[1]如果按照本文立场，把"将他人的现有作品用于自身作品中"这一客观事实作为接触要件的具体内容来考虑的话，尽管被告未能事先确认是否曾经接触过原告作品一事实本身可能构成相应的过失，但只要无法认定客观事实上将他人的作品用于自身作品中，无论当事人有无过失，都不构成接触要件的成立。这是因为只有当事人在进行创作活动根据其职业存在相应注意义务，理应当对现有作品进行调查之时，才有讨论过失的必要。然而，著作权法采取自动取得制度，对现有作品的调查十分困难，如果对创作者课以调查现有作品的注意义务，将导致创作活动的萎缩，并使得文化发展停滞。因此，判断接触要件的成立与否时无须讨论当事人是否存在过错。

　　第二，接触要件能否用于判断过错有无。[2]确实，在多数情形下，满足接触要件时，直接侵权人或多或少都具有过错。比如说，在当事人误以为他人作品著作权保护期间已届满，或是误以为自己享有作品著作权的情形下，如果其被认定存在将他人的作品用于自身作品的客观事实的话，在成立接触要件的同时便应当被认定其具有过错。[3]然而，无意识地将过去曾接触过的他人作品用于自身作品的情形应属例外。过去曾接触过，继而留存在创作者记忆中的现有作品，在创作过程中被创作者无意识间使用，从而导致其作品与现有作品实质性相似时，法律的非难性评价显得过于严苛。[4]对无意识的复制行为，由于该复制行为满足接触要件的成立条件，因此行为人需要承担著作权侵权的停止侵权责

〔1〕　最高裁判所 1978 年 9 月 7 日判决，最高裁判所民事判例集 32 卷 6 号 1145 页。
〔2〕　参见熊琦：《"接触＋实质性相似"是版权侵权认定的"神器"吗？》，《中国知识产权报》2017 年第 10 版。
〔3〕　中山信弘『著作権法（第 2 版）』（有斐閣，2014 年）628 頁参照。
〔4〕　斉藤博「既存の著作物を知らないでこれと同一性のある作品を作成した者と著作権侵害の責任」民商法雑誌 80 巻 2 号（1979 年）238 頁参照。

任，但是在不具有过错情节时不必承担损害赔偿责任。

四、接触要件的认定规则

事实上，在著作权侵权诉讼中，围绕著作权侵权成立与否展开争论时，讨论当事人就接触要件承担怎样的举证责任，以及什么样的事实可以作为接触要件的举证事实显得尤为重要。

（一）举证责任的分配

关于接触要件的要件事实论，双方当事人的举证责任应当如何分配？在过往的判例中，由于出版（物）、电影、广播、卫星广播、互联网等信息传播媒体的多样化，人们对现有作品的接触机会显著增加，因此，在举证责任的分配上，通说认为被告承担更重的举证责任。例如，在"琼瑶诉于正案"中，法院认为，电视剧《梅花烙》的公开播出即可达到剧本《梅花烙》内容公之于众的效果，受众可以通过观看电视剧的方式获知剧本《梅花烙》的全部内容。因此，电视剧《梅花烙》的公开播出可以推定为剧本《梅花烙》的公开发表。鉴于本案各被告具有接触电视剧《梅花烙》的机会和可能，故可以推定各被告亦具有接触剧本《梅花烙》的机会和可能，从而满足了侵害著作权中的接触要件。[1]该案中，为了减轻原告的举证负担，采用了两段推定的逻辑方式。首先，通过被告具有接触现有作品的机会，从而推定其具有实际接触该作品的事实；其次，通过该事实进而推定被告将现有作品用于自身作品之中。[2]

---

〔1〕参见北京市第三中级人民法院（2014）三中民初字第07916号民事判决书。

〔2〕有学者认为，按照法院在接触问题上的逻辑，一旦一件作品在网络上发表，则可以认定任何第三方都有接触该作品的可能，而一旦有接触的可能，即满足接触要件，实际上也就意味着，原告的举证责任变为了"网络发表"加"实质相似"，而要证明网络发表几无难度，因此，原告实际上只需要致力于证明实质相似要件，就可以完成自己的举证责任。参见周小舟：《论接触要件在剽窃案中的程序和实质意义——从〈小站〉案切入》，《华东政法大学学报》2016年第2期，第110页。

　　然而，如此轻易肯定接触要件的成立，令人不得不质疑起上述推定过程的妥当性。第一，尽管人们接触现有作品的机会大幅增加，接触的作品能够留存在人们记忆中的却十分有限。例如，现如今通过百度检索，人们可以接触到数量庞大的作品，但仅凭这一点，就认定被告实际接触了这些作品，这样的说法未免过于牵强。在该情形下，即使存在接触现有作品的可能性，只要当事人是独立进行创作的，就应当否定接触要件的成立。[1]第二，曾接触过现有作品，虽然是接触要件成立的必要条件，但即使当事人接触过现有作品，当事人可能完全没有参考该现有作品，或者即便参考了该现有作品，但创作的作品与该作品并不具有相似性。因此，仅就当事人接触过现有作品这一点推定接触要件的成立是不充分的。当然，当事人在接触过现有作品后，"创作"出完全相同作品的行为，自然是无法被认作独立创作的。[2]

　　如前所述，接触要件的旨趣是，在作者没有接触他人作品、独立进行创作时，即使偶然与他人作品相似，也不构成权利侵害，以此来保障独立创作的自由，保持文化创作的活力。由此看来，在分析接触要件的举证责任分配问题时，也应当从保障独立创作自由的观点出发展开讨论。的确，一般来说接触要件的举证责任，应当由主张自身权利的著作权人承担。然而，接触要件探讨的主要问题是被告是否独立进行了创作。如果由著作权人承担证明被告并非独立创作的责任，对其来说未免负担过重。另外，比起原告，被告作品的作者显然更容易就独立创作进行举证。由被告就其独立创作承担举证责任，对被告而言举证责任也不会过于沉重。[3]因此，从减轻举证负担的观点出发，由原告就本文接下

---

〔1〕　上野達弘「著作権侵害訴訟における依拠性に係る要件事実」伊藤滋夫編『知的財産法の要件事実』（日本評論社，2016年）155頁参照。
〔2〕　高林龍『標準著作権法（第2版）』（有斐閣，2016年）73頁参照。
〔3〕　田村善之『著作権法概説（第2版）』（有斐閣，2001年）51頁参照。

来要讨论的接触可能性以及证据性相似承担相应的举证责任，同时，证明自身独立进行了创作，或是复制了其他相似的作品等有关独立创作有无的事实的责任则应由被告承担。

（二）推定接触要件的间接事实

怎样的事实可以作为接触要件的证明事实？如前所述，接触要件的具体内容应当理解为存在"将现有作品用于自身作品的事实"。然而，除了原告或其他证人在现场目击，或被告自认的情况下[1]，通过直接证据证明被告利用了他人的现有作品是极为困难的。因此，在司法实践中，理应综合考虑接触可能性或证据性相似等间接事实，就接触要件的成立与否进行判断。下文将就此问题展开详细论述。

第一阶段：接触可能性。此阶段讨论的接触可能性是指，被告具有接触现有作品的合理机会。在司法实践中，往往通过原告作品广为流传极具人气或是原告作品知名度高等间接事实来推定存在接触可能性。[2]例如，在"倍乐生诉广东泰茂案"中，上海市第一中级人民法院认为，"原告还对'巧虎'卡通形象及其相关衍生产品投入大量的广告宣传，从而使得'巧虎'卡通形象在中国大陆地区的相关公众，尤其是少年儿童中享有一定的知名度。而被告泰某公司作为中国广东地区的企业，其相关的消费者亦主要为少年儿童，故其在产品市场营销时完全有机会接触到原告的'巧虎'卡通形象。"[3]另外，在"安乐（北京）电影发行有限公司诉深圳市金宏图包装制品有限公司著作权权属、侵权纠纷案"中，深圳市宝安区人民法院也认为，"'捉妖记－胡巴（WUBA）系

---

[1] 将被告自认的录音作为证据提出的判决，参照 Lisa Frank, Inc. v. Impact Int'l Inc., 799 F.Supp. 980, 990（D.Ariz. 1992）.

[2] 此外，被告实际接收了原告作品，或原告作品极为畅销的情形下，也应当认定具有接触可能性。

[3] 参见上海市第一中级人民法院（2012）沪一中民五（知）初字第 132 号民事判决书。

列'美术作品创作完成后，原告将'捉妖记－胡巴（WUBA）系列'美术作品作为影片《捉妖记》中最为突出形象对其进行宣传，'胡巴'的形象在全国甚至世界范围内取得了极高的知名度，被告完全有条件接触到'捉妖记－胡巴（WUBA）系列'美术作品。"[1]

然而，讨论是否具有接触现有作品的合理机会时，仅仅存在可能性是不够的，认定接触可能性应当要求具备一定程度的盖然性（reasonable possibility）。换言之，当被告仅在一定程度上具有接触原告作品可能性（bare possibility）时，接触可能性不应予以认定。[2]例如，在"张恒国诉孙建军等案"中，北京市第三中级人民法院也认为，"张恒国创作的剧本《博弈图》并未公开发表，其在创作完成后于 2008 年 6 月底由北京电影学院文学系存档。张恒国在原审时提交一份发给案外人侯堃的电子邮件称将剧本发给了侯堃，而侯堃和孙建军熟悉，因此孙建军有接触到其剧本的可能。但是，在该份邮件中无法确认其所发送的邮件附件中的剧本与其主张权利的剧本是一致的，也无法证明侯堃与孙建军存在何种关系。同时，张恒国在二审期间提交的邮件亦不能证明是全国剧本征集，不能证明该附件内容与张恒国主张权利的《博弈图》一致，更不能证明孙建军已经接触过该剧本或有接触该剧本的可能。"[3]

第二阶段：证据性相似。仅仅证明第一阶段的接触可能性，对推定被告将现有作品用于自身作品这一事实而言尚显不足，此时应当进入对第二阶段证据性相似的判断。证据性相似是由美国学者义伦·拉特曼（Alan Latman）所提出的概念，是在讨论实

---

〔1〕　广东省深圳市宝安区人民法院（2017）粤 0306 民初 22607 号民事判决书。

〔2〕　比方说，原告的原稿保存在复旦大学图书馆中，而被告的作品在上海创作，仅凭这一点不足以认定被告有合理接触原告作品的机会。

〔3〕　北京市第三中级人民法院（2014）三中民终字第 13101 号民事判决书。

际的复制行为（actual copying）时[1]，着眼于被告作品中是否存在可证明被告复制原告作品内容的相似性内容。[2] 应当注意的是，这里所提到的证据性相似与著作权侵权要件的实质性相似（substantial similarity）是不同的概念，判断标准也有所不同。前者是从经验法则上，判断非经利用现有作品能否创作出与其相类似的作品，而后者，则是考察两者创造性表达在何等程度上相类似。

我国司法实践中，通过证据性相似推定接触要件的案件少之又少。[3] 而在日本，存在不少案件在被告作品和原告作品在误记、陷阱、想法等无意义的部分出现相同时，根据该证据性相似认定接触要件成立。上述无意义的部分，尽管在判断侵权要件时只不过是微不足道的相似点，但在证明接触要件时具有重要的意义。[4] 比如说，在"汉字字典案"中，东京地方裁判所考虑到，"为发现他人未经许可复制其作品，原告特意将编辑的姓名'臼田正利''柴田康博''小林胜利'收录在作品中，而被告直接照搬或稍作修改并将这些姓名收录在自己的作品中"，"原告第 75 页有一

---

〔1〕 See Arnstein v. Porter, 154 F.2d 464（2d Cir.1946）. 该案中，原告创作了"A Mother's Prayer"等乐曲，双方就被告的"The Lord Is My Shepherd"等乐曲是否剽窃了原告作品产生了争议。第二巡回上诉法院首次采用了如下两步测试法：即第一阶段判断是否存在复制行为（actual copying）；如果有复制行为，第二阶段判断是否构成不当盗用（improper appropriation）。在确定是否存在复制行为时，主要通过被告对复制行为的自认或者可以推定复制行为存在的证据（例如，被告接触原告作品的证据等）加以判断。

〔2〕 See Alan Latman, *Probative Similarity as Proof of Copying: Toward Dispelling Some Myths in Copyright Infringement*, Columbia Law Review, Vol.90, 1990, p.1187.

〔3〕 在司法实践中，有些法院以实质性相似来推定接触要件。例如，在"肖思群等诉东阳市欧象家居用品有限公司著作权侵权纠纷案"中，上海知识产权法院认为，"一审法院在对被诉侵权产品与涉案美术作品进行比对的基础上，认定两者构成实质性相似，并认为东阳欧象公司作为同行业竞争者，有机会接触涉案美术作品，故认定东阳欧象公司的行为侵害了涉案美术作品的复制权、发行权、信息网络传播权。本院予以认同，并对此不再予以赘述。"参见上海知识产权法院（2018）沪 73 民终 7 号民事判决书。

〔4〕 田村善之『著作権法概説（第 2 版）』（有斐閣，2001 年）51 頁参照。

处将'管见'写成'官见'的误植，被告将该误植原样写入了第63页"，"为发现他人未经许可复制其作品，原告特意在作品中设置了错误的语序（共计15处），被告将上述错误的语序全部原封不动照搬到自己作品中"，由此认定了接触要件的成立。[1]

当然，第一阶段的接触可能性和第二阶段的证据性相似，都不过是推定接触要件成立的间接事实，而在认定了被告具有独立创作情节等足以推翻上述推定的事实时，接触要件的推定无法成立。举例而言，在具体认定了被告作品的制作过程的同时，原告作品的展示规模小且时间短，被告也未曾购买登载其作品的杂志，此时被告独立创作的可能性较高，接触要件一般无法成立。[2]

如前所述，认定接触要件应当综合考虑接触可能性与证据性相似等间接事实，而接触可能性与证据性相似两者之间又是何种关系？简单地说，接触可能性与证据性相似是相互依存的关系[3]，即当存在强有力证据证明具有接触可能性时，对证明证据性相似的证据的要求就相应降低，反之亦然。[4]因此，当原被告作品显著相似（strikingly similar），构成未经接触难凭巧合而达到的相似程度之时，即使没有证据可以证明接触可能性，也应当能够推定接触要件的成立。[5]

---

[1]　東京地方裁判所 1985 年 4 月 17 日判决，判例時報 566 号 273 頁。

[2]　東京地方裁判所 1999 年 3 月 29 日判决，判例時報 1689 号 138 頁。

[3]　See Montgomery Frankel, *From Krofft to Shaw and Beyond*, *The Shifting test for Copyright Infringement in the Ninth Circuit*, Copyright Law Symposium, Vol.40, 1997, pp.429-430.

[4]　See Country Kids' N City Slicks, Inc. v. Sheen, 77 F.3d 1280 (10th Cir. 1996).

[5]　See Ty, Inc. v. CMA Accessories, Inc., 132 F. 3 d 1167 (7th Cir. 1997). 然而，在 Selle v. Gibb, 741 F.2d 896, 901 (7th Cir. 1984) 一案中，法官认为，仅证明原告作品与被告作品显著相似是不够的，原告至少应当就被告具有能够利用原告作品的合理可能性提出相应的证据。

五、结　语

接触要件构成著作权侵权的要件无可争议。然而，由于司法实践中几乎不存在认定了实质性相似后否认接触要件的情况，文献中亦出现了将接触要件作为实质性相似的附随要件的观点。著作权基于创作行为产生，登记并非其生效要件。若因偶然存在相似的作品，即构成著作权侵权的话，对独立创作人而言存在不可预料性，进而导致创作活动的萎缩。设立接触要件的意义是，在作者独立创作的情形下，即便该作品偶然同他人的作品相似，也不构成权利侵害，以此确保独立创作的自由，避免出现创作活动萎缩的现象。因此，从确保独立创作自由的角度来看，有必要再次就接触要件的具体意义以及其举证责任的问题进行探讨。本章仅就接触要件相关的观点进行了介绍并稍作讨论，余下课题，则有待今后的审判实务及学界的进一步讨论。

第三章
实质性相似的判断方法

一、问题的提出

在著作权侵权案件中，"接触＋实质性相似＋法定利用行为"是认定侵权行为成立的重要考虑因素，其中，实质性相似判断又在整个案件的侵权认定中起着核心作用。[1] 大多数的著作权侵权诉讼中，争议的焦点往往在于被告是否复制了原告作品，如果原被告作品完全雷同，认定被告的复制行为并不困难，但是通常情况下，被告并不会照搬原告作品，而是会在其基础上加以改编变动，如此一来，就需要对原被告作品的实质性相似进行具体判断以确认被告侵权行为的存在。[2]

但是，实质性相似并没有一个固定的判断标准，法律也没有明确规定相似性的构成要件，其具体判定主要交由法院自由裁量。随着著作权侵权案件的增加，各国在其司法实践中逐渐形成了各具特点的实质性相似判断方法。例如，美国法院通过判例确立了在一般作品中适用的"整体观感法"，以及在计算机程序等复杂作品中适用的"抽象分离法"；日本最高裁判所则在"江差追分案"

＊ 本章主要内容曾发表于《复旦大学法律评论》2020 年第 7 辑，第二作者为日本东京大学法学政治学研究科特聘助理教授张唯瑜。

[1] 参见吴汉东：《试论"实质性相似＋接触"的侵权认定规则》，《法学》2015 年第 8 期，第 63 页。

[2] 参见梁志文：《版权法上实质性相似的判断》，《法学家》2015 年第 6 期，第 37—38 页。

中提出了"本质特征直接感知性"及"独创性表达相似性"的判断标准。形成过程和有关案例将在下文具体介绍。

在我国的司法实践中，对于"整体观感法"和"抽象分离法"的运用较多[1]，而通常认为这两种测试方法主要来源于美国法。[2]学术界对于实质性相似判断方法的讨论，也大都集中在美国版的"整体观感法"和"抽象分离法"上。[3]在著作权侵权案件方面，美国的判例论质论量都可属前列，其判断方法固然有借鉴意义，但是在借鉴经验时也应考虑到其制度背景。美国版的"整体观感法"和"抽象分离法"在判断时都有着"先过滤、后比较"和"类型化"的特点，而该特点的形成则与美国陪审制度的影响有着密切的联系。由于陪审制度的存在，在对实质性相似进行判断时，需要考虑到事实认定和法律适用的分担、陪审团能力在实质性相似判断方面的局限性等问题，这些因素或多或少都对美国实质性相似判断方法的形成产生了影响。与美国的法律制度不同，我国在著作权侵权案件中并没有采用类似的陪审制度，自然无须考虑事实认定和法律适用的划分等因素对相似性判断的影响。因此，在借鉴国外经验时，可以突破其制度的局限性，更多地结合我国的国情和司法实践进行综合考虑。

本章从理论和判例总结的角度出发，通过对美国和日本的实质性相似判断方法进行比较，分析其判断方法的制度渊源、本质及局限性，并在此基础上就我国实质性相似判断方法的发展进行探讨。

---

〔1〕 参见梁志文：《版权法上实质性相似的判断》，《法学家》2015年第6期，第38页。

〔2〕 参见吴汉东：《试论"实质性相似＋接触"的侵权认定规则》，《法学》2015年第8期，第63页。

〔3〕 诸如，王春燕：《作品中的表达与作品之间的实质相似》，《中外法学》2000年第5期，第630页；阳贤文：《美国司法中实质性相似之判断与启示》，《中国版权》2012年第5期，第46页。

二、美国的实质性相似判断方法

众所周知，美国作为判例法国家，判例在其法源中占有着重要地位。在美国法上运用"整体观感法"和"抽象分离法"来测试实质性相似的标准主要由适用条件各有不同的判例所确立。

（一）美国版的"整体观感法"

美国版的"整体观感法"，是指普通观察者对作品整体的内在感受来确定在后作品是否利用了在先作品的核心和精华，以此确定两部作品是否构成实质性相似。[1]

严格意义上的"整体观感法"所指的是"普通观察者测试法"[2]，即不依靠专家的分析，以普通观察者自身对作品的印象判断是否存在实质性相似的方法。普通观察者测试最早由纽约州南部地区联邦地方法院在"Daly 案"中提出。[3]该案中，原被告作品都描述了被绑在铁道上的人在列车即将撞到前的最后一刻逃出的场景，法院根据该作品是否给普通观察者留下了实质相同的印象这一标准进行判断，最后肯定了两部作品的实质性相似。但是"普通观察者测试法"仍存在如下两个问题：其一，对于小说改编成影视作品的情况，由于两者的表现形式不同，因此在普通观察者的视点下判断实质性相似难免有失偏颇；其二，由于"普通观察者测试法"并没有区分著作权法的保护对象，如果作品在著作权不予保护的要素（思想、惯用表达等）方面存在相似性，而普通观察者根据这些相似认定作品实质性相似，这样的判断显然是偏离了著作权法趣旨的。鉴于这些问题，美国法院在司法实践中，

---

〔1〕　参见朱理：《建筑作品著作权的侵权判定》，《法律适用》2010 年第 7 期，第 78 页；许波：《著作权保护范围的确定及实质性相似的判断：以历史剧本类文字作品为视角》，《知识产权》2012 年第 2 期，第 33 页。

〔2〕　See Kohus v. Mariol, 328 F.3d 854（6th Cir.2003）.

〔3〕　See Daly v. Palmer, 6 F.Cas. 1132, No 3, 552（C.C. S.D.N.Y.1968）.

通常将"普通观察者测试法"的适用范围限定在简单且创作自由度较高的视觉作品案件中。[1]

而本章所指的"整体观感法"是一种广义上的测试方法，即美国法院在涉及一般作品（文字作品、音乐作品、视听作品等）的案件中判断实质性相似时最常采用的"两步测试法"（bifurcated test）。美国版的"两步测试法"随着历史的变迁发展出了不同的版本，其中最有代表性的当数第二巡回上诉法院和第九巡回上诉法院所采用的判断方法。

首先，第二巡回上诉法院的"整体观感法"，是指通过 1946 年的"Arnstein 案"所确立的判断方法。[2] 该案中，原告创作了"A Mother's Prayer"等乐曲，双方就被告的"The Lord Is My Shepherd"等乐曲是否剽窃了原告作品产生了争议。第二巡回上诉法院首次采用了如下"两步测试法"：第一阶段判断是否存在复制行为（actual copying）；如果有复制行为，第二阶段判断是否构成非法盗用（improper appropriation）。

第一阶段，判断是否存在复制行为（actual copying）。在确定是否存在复制行为时，主要通过被告对复制行为的自认，或者可以推定复制行为存在的证据（例如，被告接触原告作品的证据等）加以判断。当然，如果两部作品本身没有相似性（probative similarity），那么即使证明了被告对原告作品的接触，也不能说明存在复制。反之，在无法证明两者存在接触的情况下，由于存在原被告各自独立创作并偶然得出相似结论的可能性，两部作品的相似必须具有足够的显著性才能证明存在复制行为。如果接触和相似性的证据都具备，则需要对事实证据进行具体分析，以确定两部作品的相似性是否足以达到可以证明复制行为存在的程度。在此阶段，法院可以使用专家证言对事实证据进行补充分析。

---

[1] 参见朱理：《建筑作品著作权的侵权判定》，《法律适用》2010 年第 7 期，第 78 页。

[2] See Arnstein v. Porter, 154 F.2d 464（2d Cir.1946）.

　　第二阶段，判断复制行为是否构成非法盗用（improper appropriation）。通过第一阶段确定了复制行为后，第二阶段主要分析该行为是否构成非法盗用。该阶段不再使用专家证言，而是采用普通观察者的标准来进行判断。以本案为例，原告通过创作出能够被消费者（普通观察者）接受并购买的乐曲而获得收益，被告为了迎合原告音乐的受众对原告乐曲进行了复制或类似的创作，这样的行为是否构成非法盗用，就需要从普通观察者而非专家的视点，对原被告作品的相似性进行具体的判断分析。

　　上述两个阶段中都涉及"相似性"的判断，但是真正对实质性相似作出最终判断的是第二阶段的测试。虽然第二巡回上诉法院在"Arnstein案"的判决书中并未将该阶段直接称为"实质性相似"（substantial similarity）的判断，但在更早的"Nichols案"中提出了在抽象测试中对作品表达的实质性相似进行判断的方法[1]，在本案之后的"Hoehling案"中也明确提及非法盗用需要通过对实质性相似的判断予以明确。[2]可以说，第一阶段对于"相似性"（probative similarity）的判断，实际上是为了确认复制行为是否存在而做出的，相对而言，第二阶段则是在确定复制行为存在的前提下，对两部作品的实质性相似进行判断，以确定该复制是否属于侵害著作权的盗用行为。

　　其次，第九巡回上诉法院的"整体观感法"主要通过"Krofft案"确立[3]，并于"Shaw案"中得到了发展和修正。[4]在"Krofft案"中，原告拥有"H.R. Pufnstuf"儿童电视节目的著作权，被告以该节目为蓝本制作了商业广告、游戏、玩具等，双方就被告的

---

[1] See Nichols v. Universal Pictures Corp., 45 F.2d 119 (2nd Cir.1930).

[2] See Hoehling v. Universal City Studios, 618 F.2d 972 (2d.Cir.), cert. denied, 449 U.S. 841 (1980).

[3] See Sid & Marty Krofft Television Productions, Inc. v. McDonard's Corp., 562 F.2d 1157 (9th Cir.1977).

[4] See Shaw v. Lindheim, 919 F.2d 1353 (9th Cir.1990).

行为是否构成著作权侵权产生了争议。第九巡回上诉法院认为，在对侵权与否进行判断时，对实质性相似的考虑必不可少，而且不仅应考虑作品的思想部分，表达部分的实质性相似也应予以分析。鉴于此，第九巡回上诉法院采用了其独特的两步测试法，即外部测试（extrinsic test）和内部测试（intrinsic test）。

第一阶段，外部测试。外部测试阶段的依据并不仅仅是简单的事实，其判断更多的是依靠各项具体的标准作出的。例如，对于视觉艺术作品，判断的具体标准包括作品类型、主题、设定等。法院将作品想要表达的思想按这些标准列出，并予以比较。外部测试阶段主要判断原被告作品中是否存在思想上的实质性相似，该阶段可以对事实进行分解剖析、参考专家证言作出判断，法院大都将该阶段的判断视为法律问题（matter of law）进行处理。

第二阶段，内部测试。如果在第一阶段的测试中可以确定两部作品存在思想方面的相似，则需要进行第二阶段的内部测试。内部测试主要以普通观察者的视角，对原被告作品的表达方面是否存在实质性相似进行判断，该阶段通常不允许采用专家证言。与第一阶段相比，外部测试是基于一系列特定的指标（如素材、作品的种类、主题的设定等）对思想进行相似性判断，而内部测试则无须拘泥于这些外来指标等抽象分析，其判定主要依赖于普通观察者对作品整体的相似性判断。

可以说，第九巡回上诉法院采用的"两步测试法"是对"Arnstein案"中判断方法的进一步发展。第九巡回上诉法院在"Krofft案"中，从思想表达二分法的角度对第二巡回上诉法院的测试方法进行了解释，认为"Arnstein案"中采用"复制行为"和"非法盗用"的标准是受到了思想表达二分法的影响，由于思想并不是著作权法保护的对象，无法构成侵权，故而其第一阶段的"复制行为"指的是对无法构成著作权侵权的"思想"的复制，而第二阶段的"非法盗用"则意指对可能构成侵权的"表达"的复制。

但是，第九巡回上诉法院在之后的"Shaw 案"中对"Krofft案"的判断标准进行了一些修正。"Shaw 案"中法院认为，外部测试中的诸多外来指标包含了作品构想、主题、对话、情景氛围、设定、情节发展、登场人物关系、故事顺序等要素，而就语言作品来说，这些要素实际上都需要被列入考虑范围，"在书籍、原稿、戏剧、电影上适用的外部测试，已经不仅仅是在对作品的思想进行实质性相似判断了。"[1] 换言之，外部测试中的判断指标应该涵盖具有创造性的全部客观特征表现，在其重点关注构想、主题、对话等要素的相似性时，外部测试就不是对"思想"的实质性相似分析了，而是对"表达"进行的相似性判断。"Shaw 案"中确立的测试方法修正了"Krofft 案"中对思想和表达进行严格区分判断的要求，认为两个阶段的测试都应针对"表达"进行分析，区别仅在于外部测试侧重从较为专业的角度进行客观地分析，而内部测试则是从普通观察者的立场进行主观判断。

（二）美国版的"抽象分离法"

美国版的"抽象分离法"，是指通过抽象的手段，将作品中不受保护的要素与受保护的要素予以分离后，过滤掉不受保护的要素，以作品中受保护的要素进行比较，从而判定两部作品是否构成实质性相似。[2]"抽象分离法"最早由第二巡回上诉法院在"Nichols 案"中开始运用，[3] 而运用著名的"抽象化—过滤—比较"

---

〔1〕 Shaw v. Lindheim, 919 F.2d 1353（9th Cir.1990）.

〔2〕 参见朱理:《建筑作品著作权的侵权判定》,《法律适用》2010 年第 7 期, 第 78 页; 许波:《著作权保护范围的确定及实质性相似的判断: 以历史剧本类文字作品为视角》,《知识产权》2012 年第 2 期, 第 34 页。

〔3〕 See Nichols v. Universal Pictures Corp., 45 F.2d 119（2nd Cir.1930）.

来判断实质性相似的方法则是由美国联邦第二巡回法院通过"Altai案"所确立的。[1]在"Altai案"中，原告开发的"CA-Scheduler"计算机软件包含子程序"Adapter"，被告在开发程序"Oscar"时部分使用了原告子程序的源代码，双方就其程序的结构（structure）是否构成实质性相似产生了争议。第二巡回上诉法院在判断实质性相似时，采用了"抽象化—过滤—比较"三步测试法。

第一阶段，抽象化（abstraction）。"抽象化"阶段的分析方法与逆向工程类似，即先将原告作品的程序按照其组织结构对构成要素进行分解、模块化，然后从计算机程序较低级别的模块开始进行抽象化处理，并在抽象化的过程中不断将细节部分省略。低级别模块中的具体指令先是被其功能概念所替代，随着抽象化程度变高，低级别模块的功能及执行指令会被比其高一级别模块的功能概念所替代。如此持续进行抽象化处理，直到抽象出该程序的最终功能目标。如此这般，在每一层抽象级别中都可以概观到该程序的结构，低级别抽象下结构相对复杂，而高级别抽象下的结构则相对简洁。

第二阶段，过滤（filtration）。"过滤"阶段主要对抽象化后各个级别中结构的构成要素进行分析，将原告作品中不受保护的要素与受保护的要素予以分离后，过滤掉不受保护的要素，其目的在于明确原告作品著作权的权利范围。该阶段主要就以下三个方面进行具体分析：第一，各个抽象级别的结构内容是否属于"思想"，是否为有效实现其功能所必需的要素。如果结构内容是为实现其思想所必需的要素，由于可选择的表达方式有限，基于表达与思想合并原则，该内容不属于著作权法所保护的对象；第二，结构内容是否为外在因素所需。外在因素指的是在程序制作时不可避免地需要考虑到的标准或技术要求。例如，与其他程序

---

[1] See Computer Associates International, Inc v. Altai, Inc., 982 F.2d 693（2d Cir.1992）.

之间的兼容性、计算机程序规格等。如果结构内容是外在因素所要求的要素，基于必要场景原则，该内容也不属于著作权法所保护的对象；第三，结构内容是否取自于公有领域。公有领域可以为公众所自由利用，取自于该领域的内容自然不受著作权法保护。

第三阶段，比较（comparison）。通过前两个阶段的抽象过滤后，剩下的内容即为原告作品中受著作权保护的表达，第三阶段将对该内容与被告作品进行对比以确认是否构成实质性相似。法院在判断时需对两个方面的问题进行重点审查，一是被告是否复制了原告作品中受保护的表达，二是被告复制的内容对于原告整体程序而言有多大程度的重要性。

此外，第二巡回上诉法院认为，虽然实质性相似的判断通常需要从普通观察者的视角出发进行分析，但是就计算机程序而言，专家意见也是有其必要性的，至于需要在多大程度上听取专家意见，则应当交由地方法院自由裁量。

（三）美国陪审制度对实质性相似判断的影响

美国判例中的实质性相似判断方法具有如下两个特点：第一，无论是"整体观感法"还是"抽象分离法"，实际上都采用了"先过滤、后比较"的方式，即先对原告作品中不受保护的要素与受保护的要素予以区分，过滤掉不受保护的要素后，再将原告作品与被告作品进行比较判断是否构成实质性相似。两种测试方法的区别在于，在最后的比较阶段能否采用专家证言这一问题上，"整体观感法"要求从普通观察者的视角进行判断，不允许采用专家证言，而"抽象分离法"则可以使用特定分析方法并采用专家证言，从专业角度出发进行判断。第二，美国的判断方法有着"类型化"的特点。美国版的"整体观感法"主要适用于文字作品、音乐作品、影视作品等一般作品，而"抽象分离法"则在涉及计算机程序等较为复杂的作品时适用。

美国实质性相似判例中"先过滤、后比较"及"类型化"特点的形成，与美国的陪审制度有着密切的关系。陪审制度对美国社会制度的形成及法律制度的发展都有着深远的影响。[1]美国宪法第七修正案中规定，在普通法诉讼中，案件标的超过 20 美元的，当事人有接受陪审团审理的权利。陪审制度在各州的宪法及法律中也有规定，除了科罗拉多州外的 49 个州的宪法都明确了民事陪审的权利，各州的法院也在民事案件中对陪审制度有所适用。另外，美国《联邦民事诉讼规则》第 38 条（b）款规定了当事人有权在提交最终辩诉状后的 10 日内以书面请求方式要求进行陪审审理；第 39 条（b）款则规定了当事人没有要求陪审时，法院也可以决定是否进入陪审审理程序。

首先，美国实质性相似判断的"先过滤、后比较"特征，与法官和陪审团之间的职责分工有关。民事诉讼程序对于陪审制度的重视，自然影响到了具体案件中对事实问题和法律问题判断的处理。通常来说，著作权侵权诉讼中，采用专家证言对思想和表达进行区分这一过程属于法律问题，其判断主体是法官；而将原告作品和被告作品进行比较，判断其实质性相似这一过程则属于事实问题，在陪审审理的情况下，原则上以陪审团为主体进行判断。由于法官和陪审团在案件审判中各司其职，而是否构成实质性相似这一事实问题需要由陪审团做出最终判断，因此在陪审团就原被告作品进行整体比较前，法院有必要先明确著作权的保护范围，即先对原告作品进行表达和思想的区分。可以说，在陪审制度的影响下，法院不得不采取"先过滤、后比较"的测试方法。

---

[1] 美国的陪审团可以分为大陪审团（grand jury）和小陪审团（petit jury）。大陪审团主要在刑事案件中就是否提起诉讼做出决定，而小陪审团则是在刑事或民事案件的正式事实审理过程中对事实进行认定。

其次，美国实质性相似判断的"类型化"特征，则是受到了陪审制度的效率、陪审员的能力（作为普通人的陪审员能否做出适当的事实认定），以及民事案件中接受陪审审理权利的限制等因素的影响。具体而言，实质性相似的判断有时会涉及复杂的专业内容，而在诉讼内容过于复杂以至于超出了陪审团的理解能力的情况下，采用陪审审理可能导致判决的公正性无法保证的问题。对于是否可以以案情复杂为理由限制民事案件中陪审制的适用，美国最高法院尚有所保留，但是针对这一问题，第三巡回上诉法院在"日本家电制造商案"中提出了"正当程序测试"[1]，即在复杂的诉讼案件中排除民事陪审的判断标准。根据该标准，在确定案件是否复杂时，应考虑以下三个因素：第一，诉讼的整体规模，即预计需要的审理时间、涉及的证据量及争议点的数量；第二，对法律争议点及其相关事实进行理解时的难易程度、提出的专家证言的多少以及需要向陪审讲解的详细程度；第三，对案件争议点进行分解的难易程度。可以说，美国版的"抽象分离法"之所以会采用专家的观点，而非普通观察者（陪审团）的观点来进行实质性相似的判断，也是出于对案件复杂程度的考虑。[2]在综合衡量案件的复杂程度及陪审团在审理中的作用后，美国实质性相似的判例形成了"类型化"的特点，在涉及一般作品的案件

[1] In re Japanese Elec. Prod. Antitrust Litig., 631 F. 2d 1069（3d Cir.1980）.该案件中，以松下电器为首的14个家电制造商因涉嫌违反反倾销法，被美国当地的Zenith无线广播公司及NUE公司起诉并要求15亿美元的损害赔偿。在进入庭审程序之前，被告以案情复杂为由，提出申请要求陪审不参与本案的审理。其申请理由包括：涉案行为的时间跨度达30年之久，且涉及世界各地的97家公司；向法院提出的证据长达10万余页，而对其内容进行理解则需要会计学、经济学、市场营销等方面的专业知识；日本方面的诸多证言和记录是以日语提出的；诉讼时间需花费1年等。

[2] Whelan Associates, Inc. v. Jaslow Dental Laboratory, Inc., 797 F.2d 1222（3d Cir.1986）, *cert. denied*, 479 U.S. 1031（1987）.该案法院认为，在涉及复杂的计算机软的实质性相似判断中适用普通观察者测试并不妥当。

中适用"整体观感法",而对于涉及计算机程序这类包含了结构、处理顺序、非文字性要素等复杂技术的案件,则适用"抽象分离法"。

综上所述,美国陪审制度对实质性相似判断方法的影响体现在两个方面,法官和陪审团在审理中的不同职能使得实质性相似判断形成了"先过滤、后比较"的特点;而陪审制度在不同案件中适用情况则促使法院根据案件的复杂程度发展出了"类型化"的判断方法。

(四)美国实质性相似判断方法的局限性

在进行实质性相似的判断时,思想表达二分法、市场替代性是重要的考虑要素。但是,具体应在哪个阶段对这些要素予以考虑分析,不同的判断方法中考虑的顺序也各有不同。受陪审制度的影响,美国版"整体观感法"和"抽象分离法"均采用"先过滤、后比较"的判断路径,其对上述要素的分析顺序则是先适用思想表达二分法,再考虑市场替代性。[1]这种分析顺序,实际上间接导致了美国实质性相似判断方法的局限性。

首先,由于陪审制度的存在,美国的"整体观感法"在运用普通观察者测试进行实质性相似判断前,设置了可以听取专家意见的分析阶段。从表面上看,美国版"整体观感法"两个阶段的分析可谓各有侧重,第一阶段重点考虑思想表达二分法,第二阶段则是从普通观察者的视点对市场替代性进行判断。但是,在以"Arnstein案"和"Krofft案"为代表的"整体观感法"中,存在着

---

[1] 在我国有学者认为著作权保护范围的确定是侵权判定的前提,即实质性相似规则的具体适用应以思想表达二分法为前提条件(参见孙松:《论著作权实质性相似规则的司法适用:以琼瑶诉于正案为视角》,《中国版权》2016年第1期,第62—63页),有些学者认为,普通读者是判断两部作品是否构成实质性相似的最终标准(参见崔国斌:《著作权法:原理与案例》,北京大学出版社2014年版,第668页)。这些观点多少受到了美国判例中"先过滤、后比较"判断方法的影响。

两个判断阶段本质上难以融合的问题。在第一阶段，陪审团或法官需要在理解专家证言的基础上对作品进行分析，而第二阶段则要求陪审团将专家证言置之脑后，仅从普通观察者视点进行判断。但是，能够如此灵活应对证据要求的"理想的陪审团"在现实中是不存在的。具体而言，"Arnstein 案"的判决中，虽然在第一阶段的判定（被告是否复制了原告作品）时采用了专家证言，但是在第二阶段的判断（该复制是否为不当盗用）中则禁止了专家证言的适用；"Krofft 案"与"Arnstein 案"类似，专家证言可以在第一阶段的外部测试中适用，但其影响却不及于真正做出实质性相似判断的第二阶段的内部测试。"Shaw 案"的判决明确了从普通观察者视点进行比较的对象是表达而非作品整体，但是，要求陪审团作为普通观察者在仅比较表达的同时，还要以"整体"的观感和印象为标准进行实质性相似判断，最后往往会导致在判断时被比较的内容不仅仅是受保护的表达，还包括了不受保护的其他内容。

其次，美国的"抽象分离法"主要在涉及计算机程序等复杂作品的案件中适用，考虑到作品的专业性，在事实认定中也可以运用专家证言等分析方法。这实际上放宽了普通观察者测试对专家证言的要求，使得"抽象化—过滤—比较"三个阶段能更好地衔接起来，也避免了"整体观感法"中可能存在的模糊思想和表达将其一并比较的问题。这种方法，虽然忠实地遵循了思想表达二分法，但在市场替代性的考虑方面则略显不足。其理由在于，先将原告作品中抽象、分离出著作权法所保护的表达之后，再将比较的核心聚集于过滤后的表达之上，在实际判断中很可能会过度地缩小著作权法的保护范围，难以正确评估被告作品对原告作品市场的替代性影响。

综上所述，美国的"整体观感法"和"抽象分离法"在一定程度上受到美国陪审制度的影响，体现出了"先过滤、后比较"及"类型化"的特点，而该特点使得美国的实质性相似测试方法在实际判断中对思想表达二分法及市场替代性两个考虑因素各有侧重，但也难以兼得。

三、日本的实质性相似判断方法

与美国不同，日本属成文法国家，以制定法为其法源的主要形式。但值得注意的是，日本的法律制度兼容了大陆法系和英美法系的特点，[1]判例虽然不是其制度上的法源，但通常被认为具有事实上的先例约束力。[2]

日本的判例原则上由最高裁判所在案件审理的过程中做出。具体而言，是指最高裁判所在判决理由中列出的、对案件的解决不可或缺的且具有先例约束力的法律判断的部分。（日本《裁判所法》第10条第3项及日本《民事诉讼法》第381条第1款）但是判例的约束力并不要求法官在之后的案件审理中一成不变地遵循先例。面对类似案件，法官通常会对判例中所述的普遍理论部分及具体案件适用的部分进行对比，并就理论的整合性、判例适用的合理性及妥当性、判决的后续影响等因素进行综合考虑。如此这般，通过对判例的分析适用，判例约束力的范围也在实际适用及调整中逐步确立起来。[3]

但是对于涉及著作权侵权案件中实质性相似是否成立的判决，受上告制度的限制，最高裁判所在决定是否受理上告案件时，大

---

[1] 详见章程：《日台民法学坛过眼录》，《北航法律评论》2015年第1辑，第233-242页。另外，有关日本判例制度的研究，参见解亘：《日本判例制度》，《华东政法大学学报》2009年第1期，第91-97页；于佳佳：《日本判例的先例约束力》，《华东政法大学学报》2013年第3期，第41-53页。

[2] 田中英夫编著『実定法学入門』（東京大学出版会，1974年）198頁；樋口陽一「判例の拘束力・考」芦部信喜＝清水睦編『日本国憲法の理論』（有斐閣，1986年）675頁；佐藤幸治『現在国家と司法権』（有斐閣，1988年）383頁参照。

[3] 飯村敏明「判例の読み方と先例拘束力について——商標の類否を中心として」松田治躬先生記念論文集刊行会編『松田治躬先生古稀記念論文集』（東洋法規出版，2011年）17-18頁参照。

多选择不予受理。[1] 即使受理了，最高裁判所也很少给出支持原审判决的理由，因此，这类案件很难在真正意义上成为先例，而能在最高裁判所民事判例集（以下简称"民集"）上刊载的就更是凤毛麟角。[2] 相对的，最高裁判所受理并推翻原审判决的情况下，通常会给出法律判断和判决理由，这样的案件则较有可能成为先例。迄今为止，涉及著作权侵权的实质性相似要件的最高裁判决中，由民集刊载的案件仅有两件，即"讽刺模仿案"[3]与"江差追分案"[4]（详见本书附录）。[5]

（一）日本最高裁判决

日本著作权法并没有对于实质性相似要件的明确规定，该要件主要是通过最高裁判所的判例法理得以确立的。在"江差追分案"中，被告 NHK 制作了电视节目《北海道特别篇·远东的歌声——追寻江差追分之源》，该节目旁白部分的内容与原告创作的记录文学作品《迎着北方的波涛歌唱》中的解说词有一定的相似

〔1〕 日本的司法裁判采取的是三审制。但是，考虑到日本最高法院裁判资源的稀缺性（只有 15 位法官），日本民事诉讼法上为上告设置了很高的门槛，即只有三种情形当事人才可以上告：（1）原判决对宪法的解释有误或者存在违宪的其他问题；（2）形成判决的诉讼过程存在对程序规定的重大违反；（3）原判决存在对其他法令的重大违反。关于最后一点，日本民事诉讼法进一步明确规定：原判决存在其判断与最高法院的判例相抵触（或在无最高法院判例的情形与大审院的判例或高等法院的判例相抵触）的情形，构成绝对的上告理由（日本《民事诉讼法》第318条）。参见解亘：《日本判例制度》，《华东政法大学学报》2009年第1期，第91-92页。

〔2〕 日本的民事判例主要收录于民集中。民集所收录的判例，则是由最高裁判所7人以下的裁判官为委员、调查官及事务总局的职员为干事组成判例委员会，每月召开一次会议，对具有判例价值的判决进行选编，并就判决事项、判例要旨、依据的法律条文等进行审议后，决定判例的登载刊行。中野次雄编『判例とその読み方』（有斐閣，2009年）105-106頁参照。

〔3〕 最高裁判所 1980 年 3 月 28 日判决，最高裁判所民事判例集 34 卷 3 号 244 页。

〔4〕 最高裁判所 2001 年 6 月 28 日判决，最高裁判所民事判例集 55 卷 4 号 837 页。

〔5〕 其他案件如"东京雨夜案"（最高裁判所 1978 年 9 月 7 日判决，最高裁判所民事判例集 32 卷 6 号 1145 页）也在民集刊载，但是严格来说，该案主要涉及的是"接触"要件的问题。

性，双方就被告的行为是否构成侵权产生了争议。最高裁判所在判决中的一般论部分作了如下阐述：

> 文字作品的改编（日本《著作权法》第27条）是指，在依据现有作品并维持其表达上的本质特征的基础上，通过对现有作品进行修改、增删或变更等，实现新的思想或情感的表达，从而创作出使接触者可以直接感知到现有作品的表达上的本质特征的新作品的行为。（判旨①）进而，因为著作权法旨在保护思想或情感的独创性的表达（参照《日本著作权法》第2条第1款第1项），所以若依据现有作品创作的新作品，仅在思想、情感、事实或事件等非表达的部分或者不具有表达上的独创性的部分与现有作品相似，则不能将新作品的创作行为认定为改编。（判旨②）

在最高裁判所的上述普遍理论中，判旨①涉及的"本质特征的直接感知性"这一判断标准并非首创，其起源可以追溯到"讽刺模仿案"的最高裁判决。"讽刺模仿案"中，原告拍摄了滑雪运动员从雪山滑下，在雪坡上留下几道滑雪轨迹的场景，并制作成彩色照片。而被告则将原告照片的部分画面裁剪复制成黑白画面，在画面的右上方（雪坡顶部）添加上汽车轮胎的图像制作成合成照片，并将该照片在周刊杂志及自制的相片集中刊载。双方就被告的行为是否侵害了原告的著作人身权产生了争议。针对这一问题，最高裁判所认定，由于从被告的合成照片中可以直接感知到原告作品的本质特征，被告侵害了原告的保护作品完整权。值得注意的是，"讽刺模仿案"所解决的中心问题是旧著作权法中的著作人身权（日本旧《著作权法》第18条第1款）问题，而非现行日本《著作权法》第27条所涉及的改编权问题。但是即便如此，此案之后，涉及复制权、改编权等著作财产权的案例也大都遵循了"本质特征的直接感知性"这一判断标准。

在"江差追分案"中，最高裁判所在判旨①中提及了"本质特征的直接感知性"标准后，接着在判旨②中明确了"独创性表达的相似性"标准。但是，对于现有作品的"表达上的本质特征"到底是什么，从哪些部分可以直接感知到"表达上的本质特征"等问题，以及判旨①中"本质特征的直接感知性"与判旨②中"独创性表达的相似性"之间有着怎样的理论关系等问题，"江差追分案"最高裁判决并未进行明确的阐述。可以说，在该判决之后，著作权侵权案件中如何进行实质性相似的判断方面仍留有一些尚待解决的问题。[1]因此日本学术界对于判旨①和判旨②之间的理论关系存在着不同的理解方式，形成了两种主要学说，即"独创性表达一元论"以及"本质特征独立意义论"。

首先，在对"江差追分案"中实质性相似判断方法的评释中，日本较为主流的学说是"独创性表达一元论"。[2]该学说认为判旨①并没有独立的意义，在实际判断中应当把"本质特征的直接感知性"与"独创性表达的相似性"等同起来进行理解。论其原因，一方面，就外在作用而言，"本质特征的直接感知性"这一标准源自于前述"讽刺模仿案"最高裁判决，既然有先例在前，为保证其连续性，将其在判旨①中予以明确，无非是起到了一个前置引言的作用。[3]另一方面，就内在含义而言，"表达上的本质特

---

〔1〕 丁文杰「キャラクターの絵画的表現の保護範囲」知的財産法政策学研究 30 号（2010 年）240-241 頁参照。

〔2〕 田村善之『著作権法概説（第 2 版）』（有斐閣，2001 年）60-61 頁；駒田泰土「著作物と作品概念の異同について」知的財産法政策学研究 11 号（2006 年）148-155 頁；上野達弘「ドイツ法における翻案——『本質的特徴の直接感得』論の再構成」著作権研究 34 号（2008 年）44-49 頁参照。

〔3〕 田村善之「著作権の保護範囲に関し著作物の『本質的な特徴の直接感得性』基準に独自の意義を認めた裁判例（1）——釣りゲータウン 2 事件」知的財産法政策学研究 41 号（2013 年）104-105 頁参照。

征"这一描述虽然由"表达"和"本质特征"两个要素构成，但是，如果将"本质特征"替换成"具有独创性的部分"来理解的话，"表达上的本质特征"所意指的就是"独创性表达"。[1]

"独创性表达一元论"的合理性在著作权法的定义条款上也有所体现。即，日本著作权法所保护的对象，是将思想或情感以具有独创性的方式表达出来的作品（日本《著作权法》第2条第1款第1项）。因此，在考虑著作权的权利范围时也应重视独创性的要素，如果作品中具有独创性的表达部分并没有被他人盗用（例如，只是借用了作品中所传达的观念、想法，或者仅只是借用了非独创性的表达部分），则并不存在侵权；反之，如果是盗用了他人作品中具有独创性的表达部分，无论其他附加部分内容的多寡，应该肯定侵权行为的成立。[2]

其次，日本近期发展起来了另一种较为有力的学说，即"本质特征独立意义论"。[3]该学说认为"本质特征的直接感知性"与"独创性表达的相似性"在实质性相似判断中发挥着不同的作用，不应将其等同而视。具体而言，在确定是否存在"独创性表达的相似性"后，仍需要对"本质特征的直接感知性"进行判断。因此，即便原告作品和被告作品的相似部分确实属于独创性表达的情况下，也不能直接肯定实质性相似的成立，而是需要进一步对其本质特征的直接感知性进行判断。其理由是，日本现行著作权法中并没有类似于美国"合理使用"（fair use）的一般条款，因此完全依靠限定列举的条款也不能很好地解决诸如讽刺模仿这一类

---

[1] 上野達弘「ドイツ法における翻案──『本質的特徴の直接感得』論の再構成」著作権研究34号（2008年）47頁参照。

[2] 丁文杰「キャラクターの絵画的表現の保護範囲」知的財産法政策学研究30号（2010年）241-242頁参照。

[3] 高部眞規子「判例からみた翻案の判断手法」著作権研究34号（2008年）4-27頁；横山久芳「翻案権侵害の判断構造」野村豊弘＝牧野利秋編『現代社会と著作権法』（弘文堂，2008年）281-303頁参照。

案件。那么比较理想的解决办法便是对著作权的权利范围进行一定的调整解释，通过对"本质特征的直接感知性"标准来保护一定的"合理使用"。[1]

在实质性相似判断中采用不同的判断方法，有时会导出不一样的结果。例如，在一张大幅海报上画上一个较小的哆啦A梦，并在其周围添加上诸多独创性表达后，该作品中的哆啦A梦变得不显眼，若不经认真观察指认便难以辨认出来。对于这样的作品，如果根据"独创性表达一元论"来进行判断，只要哆啦A梦的独创性表达部分在作品中有所体现，无论其他部分所占比例的多寡，都应对实质性相似的存在予以肯定。但是，如果采用"本质特征独立意义论"，则很容易得出相反的结论——由于在大幅海报中添加了较多的独创性表达，就海报整体而言，哆啦A梦的本质特征已经不再明显，不能被直接感知到，因此该海报作品并不具有相似性。[2]

（二）日本版的"过滤测试法"

日本的"独创性表达一元论"和"本质特征独立意义论"具有如下两个特点：第一，两学说的共同点在于，其都采用了"过滤测试法"来判断原被告作品的相似部分是否属于独创性表达。日本版"过滤测试法"是一种"先比较、后过滤"的方法，与美国版"整体观感法"及"抽象分离法"所采用的"先过滤、后比较"的方法有着较大的区别。其原因在于，日本的民事审判中并不适用美国式的陪审制度，因此法官有权就著作权侵权中的法律问题及事实问题一体作出判断。可以说，美国陪审制度的存在，

---

[1]　高部眞規子「判例からみた翻案の判断手法」著作権研究 34 号（2008 年）17–18 頁参照。

[2]　肯定"本质特征直接感知性"具有独立意义的基础上，也有学者认为，如果将认定改编权侵权行为的必要性和作品的鉴赏价值进行比较，由于哆啦A梦的部分可以从海报中分离出来并且被感知到，其仍然具有可被利用的鉴赏价值，因此，在该案例中，应该认定作品存在相似性。横山久芳「翻案権侵害の判断基準の検討」コピライト 609 号（2012 年）8 頁参照。

将陪审的审理对象限定为事实问题，从而在客观上要求在陪审团的比较阶段前完成对思想和表达的区分，而日本虽然有类似的裁判员制度，但是该制度仅在涉及重大刑事审判的情况下予以适用[1]，普通民事审判中则并不存在要求先进行事实认定后确定法律适用这样的程序限制。

第二，就形式上而言，对于"江差追分案"中的"本质特征的直接感知性"是否具有独立意义这一问题，两学说存有分歧。而实质上，两学说之间的分歧更体现在，对于市场替代性这一要素应该放在哪个阶段进行考虑这一问题的不同理解上。具体而言，"独创性表达一元论"认为，只需在确认原被告作品的相似部分时，从使用该作品的消费者的角度来对市场替代性进行考量即可；而"本质特征独立意义论"则主张，应该在对"本质特征的直接感知性"作出判断时，对市场替代性、鉴赏价值等要素一并进行考虑。

那么，在日本的司法实践中，对于实质性相似的判断又呈现出什么样的趋势呢？通过对日本的案例进行分析整理，可以总结出其判断方法随着时代变迁主要呈现如下不同特征：

第一阶段，"两步测试法"为主流的时期（1970—2001 年）。在 2001 年的"江差追分案"之前的很长一段时间，在对著作权侵权进行判断时，日本裁判所采用的主流方法是将作品性要件和著作权侵权要件分开判断的"两步测试法"。[2]该测试方法和美国的

---

〔1〕 根据日本《关于裁判员参与刑事审判的法律》第 2 条第 1 款规定，日本裁判员制度适用于审理一审重大刑事案件，即主要包括两类：一是被判处死刑、无期徒刑或应判监禁之罪的案件；二是因故意犯罪导致被害人死亡的被处以 1 年以上刑罚的案件。

〔2〕 例如，涉及文字作品侵权的"恶妻物语案"（東京地方裁判所 1993 年 8 月 30 日判决，知的財産関係民事・行政裁判例集 25 卷 2 号 310 頁）；涉及美术作品侵权的"日本城堡基础知识案"（東京地方裁判所 1994 年 4 月 25 日判决，判例時報 1509 号 130 頁）；涉及摄影作品侵权的"水灵灵西瓜案"（東高等裁判所 2001 年 6 月 21 日判决，判例時報 1765 号 96 頁）；涉及汇编作品侵权的"NTT Townpage"（東京地方裁判所 2000 年 3 月 17 日判决，判例時報 1714 号 128 頁）等。

"整体观感法"及"抽象分离法"类似，都是"先过滤、后比较"，先就原告作品内容是否具有独创性进行判断后，再确认被告作品中有没有使用原告作品的独创性表现。

第二阶段，过渡期（2001—2012 年）。以 2001 年的"江差追分案"为契机，日本裁判所采用"过滤测试法"进行判断的案例有所增加。但是值得注意的是，在判断侵权行为是否成立时，"江差追分案"作出了如下的阐述，"文字作品的改编（日本《著作权法》第 27 条）是指，在依据现有作品并维持其表达上的本质特征的基础上，通过对现有作品进行修改、增删或变更等，实现新的思想或情感的表达，从而创作出使接触者可以直接感知到现有作品的表达上的本质特征的新作品的行为"，并据此就文字作品相关的改编权侵权行为进行了判断。受最高裁判决的影响，在"钓鱼游戏城案"[1]（详见本书附录）登场之前，"过滤测试法"的适用主要被限制在文字作品的侵权案件中。[2]此外，对于非文字作品（如，美术作品、音乐作品、摄影作品、电影作品、计算机软件、汇编作品等），仍是在"江差追分案"最高裁判决论述的一般论的基础上，采用"两步测试法"进行判断。[3]

---

〔1〕 知的財産高等裁判所 2012 年 8 月 8 日判決，判例時報 2165 号 42 頁。

〔2〕 例如，"通勤大学法律課程案"（東京地方裁判所 2005 年 5 月 17 日判決，判例時報 1950 号 147 頁）；"箱根富士屋酒店"（東京地方裁判所 2010 年 1 月 29 日判決，平成 20（ワ）1586）；"律师垃圾案"（東京地方裁判所 1999 年 12 月 24 日判決，平成 20（ワ）5534）等。

〔3〕 例如，涉及美术作品侵权的"公寓手册案"（大阪地方裁判所 1999 年 3 月 26 日判決，判例時報 2076 号 119 頁）；涉及音乐作品侵权的"纪念树案"（東京高等裁判所 2002 年 9 月 6 日判決，判例時報 1794 号 3 頁）；涉及摄影作品侵权的"八坂神社祇园祭案"（東京地方裁判所 2008 年 3 月 13 日判決，判例時報 2033 号 102 頁）；涉及电影作品侵权的"弹珠机案"（知的財産高等裁判所 2012 年 3 月 16 日判決，平成 24（ラ）10001）；涉及计算机程序侵权的"Quite 铁道篇案"（東京地方裁判所 2003 年 1 月 31 日判決，判例時報 1820 号 127 頁）；涉及汇编作品侵权的"新建公寓数据库案"（東京地方裁判所 2002 年 2 月 21 日判決，平成 12（ワ）9426）等。

第三阶段，"过滤测试法"为主流的时期（2012—2018年）。2012年，随着"钓鱼游戏城案"的登场，"过滤测试法"的适用被扩大到了游戏画面等非文字作品的著作权侵权案件中，此后，在著作权侵权行为相关的案件中适用"过滤测试法"进行判断逐渐成为主流。[1]

综上所述，著作权侵权行为成立与否的判断方法，日本经历了从"两步测试法"到"过滤测试法"转变的过程。理论上来说，只要运用得当，无论采用其中哪种方法进行判断，著作权侵权的判断要件并没有什么改变，但如果涉案作品仅在与独创性表达部分无关的内容上有所相似，为防止在此类情况下过分肯定侵权行为的成立，适用"过滤测试法"进行判断会更为妥当。从这个意义上来说，对于"江差追分案"中明确采用"过滤测试法"作出的实质性相似判断，应给予积极的评价。

四、我国的实质性相似判断方法

目前，我国的著作权法并没有明确规定著作权侵权的成立要件，《最高人民法院关于审理著作权民事纠纷案件适用法律若干问题的解释》中也尚未给出实质性相似判断的指导。

（一）我国的"整体观感法"与"抽象分离法"

在我国的司法实践中，法院在进行著作权侵权判定时，主要采用"整体观感法"和"抽象分离法"作为实质性相似的判断方法。但是与美国和日本相比，我国的判断方法并不具有

---

[1] 例如，涉及文字作品侵权的"风中摇曳的墓碑案"（東京地方裁判所2013年3月14日判决，平成23（ワ）33071）；涉及美术作品侵权的"归乡案"（東京地方裁判所2013年11月22日判决，平成25（ワ）13598）；涉及电影作品侵权的"谈人生案"（東京地方裁判所2013年3月25日判决，平成24（ワ）4766）；涉及计算机程序侵权的"接触角计算程序案"（知的财产高等裁判所2016年4月27日判决，判例时报2321号85页）；涉及汇编作品侵权的"旅游nesPro案"（東京地方裁判所2014年3月14日判决，平成21（ワ）16019）等。

"类型化"的特点。

具体而言：第一，对于同一种类型的作品，各级法院所采用的判断方法不同。以涉及文字作品侵权与否的案件为例，在"庄羽诉郭敬明案"中，围绕被告创作的小说《梦里花落知多少》与原告的小说《圈里圈外》是否构成实质性相似这一问题，北京市高级人民法院认为，将两本作品整体上进行对比，被告作品中主要人物及其情节与原告作品中的主要人物及情节存在众多雷同之处，因此，被告作品与原告作品整体上构成实质性相似。[1]而在"李鹏诉石钟山案"中，对于被告创作的小说《地下，地上》与原告创作的小说《潜伏》是否构成实质性相似，北京市第二中级人民法院认为，要判断文学作品之间的表达是否实质性相似，首先要区分作品的思想与表达，从而准确地确定作品受到著作权法保护的范围。[2]显然，在文字作品的实质性相似判断中，前者采取的是"整体观感法"，而后者采取的是"抽象分离法"。

第二，在同一案件中，一审法院和二审法院所采用的判断方法也有所不同。[3]以涉及书画作品侵权与否的案例为例，在"任新昌诉李孝本案"中，原告采用书法与绘画相融合的方法，创作出草书"寿"字与"猴"型相结合的字画艺术作品，双方就被告发表的"太极猴寿"书画作品是否侵犯原告作品的著作权产生争议。西安市中级人民法院认为，被告作品虽然融入了个人思想、感情和选择，但与原告作品相比较，并没有脱离原作的形式，因此是对原作的复制，不能成为著作权法意义上具有独创性作品，依法不应享有著作权。[4]而陕西省高级人民法院则认为，被告作品与

---

〔1〕　参见北京市高级人民法院（2005）高民终字第539号民事判决书。
〔2〕　参见北京市第二中级人民法院（2008）二中民终字第02232号民事判决书。
〔3〕　参见卢海君：《论作品实质性相似和版权侵权判定的路径选择：约减主义与整体概念和感觉原则》，《政法论丛》2015年第1期，第138-139页。
〔4〕　参见西安市中级人民法院（2007）西民四初字第213号民事判决书。

原告作品在猴头、猴身、猴尾的造型、姿态、可视性、视觉美感性等表现形式上存在不同之处，被告的作品表现形式已经具有了著作权意义上的独创性，因此，被告作品并不侵犯原告作品的著作权。[1]此案中，一审法院采用了"整体观感法"，而二审法院采用了"抽象分离法"。

"整体观感法"与"抽象分离法"，虽然在我国的司法实践中占据了主流地位，其局限性也偶有被论及。例如，有法官指出，"整体观感法"主要强调阅读者对作品的整体感受，主观性较强，且不详区分作品中不同创作元素的著作权法属性，因此难免会将不属于著作权客体的内容纳入著作权保护范围，从而不适当地扩大了著作权保护范围。[2]另外，也有法官指出，"抽象分离法"的局限在于，它在排除不受保护的元素时，容易忽视掉那些由不受保护元素的独创性选择或编排而形成的应受保护的对象。[3]但是尽管能够认识到美国版测试方法的内在局限性，实际的司法实践仍拘泥于"整体观感法"和"抽象分离法"二选一的思维模式。笔者认为，这样的问题之所以会产生，是由于在对实质性相似的判断方法进行选择时，没有充分考虑到美国不得不采用"整体观感法"和"抽象分离法"的制度背景以及中美两国法律制度基础间的根本差异及其影响所导致的。

如前所述，美国的"整体观感法"和"抽象分离法"在一定程度上受到美国陪审制度的影响，体现出了"先过滤、后比较"及"类型化"的特点。但是，在著作权侵权判断中，我国并不存在先进行事实认定后确定法律适用的程序限制。虽然我国的人民陪审员制度与美国陪审制度都被称为"陪审制"，但在适用范

---

[1] 参见陕西省高级人民法院（2008）陕民三终字第 16 号民事判决书。
[2] 参见许波：《著作权保护范围的确定及实质性相似的判断：以历史剧本类文字作品为视角》，《知识产权》2012 年第 2 期，第 33-34 页。
[3] 参见朱理：《建筑作品著作权的侵权判定》，《法律适用》2010 年第 7 期，第 78 页。

围、职权分工、选人程序等方面却截然不同。例如，在陪审员制度的适用范围方面[1]，由于加入《马拉喀什建立世界贸易组织协定》（以下简称"WTO协定"）的需要，最高人民法院对知识产权民事案件的管辖进行了规范，即在一般情况下，知识产权民事案件的一审由中级人民法院进行管辖。因此，按照现行知识产权集中管辖和专属管辖的规定，绝大多数基层法院是不能审理知识产权民事案件和在本辖区有重大影响的知识产权刑事和行政案件的，从而影响了陪审制在知识产权审判中的应用。[2]另外，在陪审员的职权方面，我国人民陪审员在行使审判权方面与法官不分轩轾，能够对一个案件的审理自始至终的参与，且对事实认定与法律适用独立行使表决权。[3]但在司法实践中，由于人民陪审员缺乏法律专业知识与审判技巧，使得在审理案件的过程中人民陪审员往往处于被动地位，从而出现"陪而不审"的现象。[4]因此，法官在著作权侵权判断中自始至终起着主导作用，对法律问题和事实问题进行统一审理。

（二）我国的"三步检验法"

近年来，我国的法院在案件审判中也并未拘泥于适用"先过滤、后比较"的"整体观感法"或"抽象分离法"，也出现了适用

---

[1] 《关于完善人民陪审员制度的决定》第2条规定，我国适用人民陪审员的案件包括两种：一种是社会影响较大的刑事、民事、行政第一审案件；另一种是刑事案件被告人、民事案件原告或者被告、行政案件原告申请由人民陪审员参加合议庭审判的第一审案件。

[2] 参见孙永红：《陪审制在知识产权审判中的作用评析：兼谈专家陪审制的完善》，《科技与法律》2008年第5期，第74页。

[3] 《关于完善人民陪审员制度的决定》第1条规定："人民陪审员依照本决定产生，依法参加人民法院的审判活动，除不得担任审判长外，同法官有同等权利。"同时，第11条第1款规定："人民陪审员参加合议庭审判案件，对事实认定、法律适用独立行使表决权。"

[4] 参见李昌道、董茂云：《陪审制度比较研究》，《比较法研究》2003年第1期，第69页。

"比较—过滤—比较"的中国版"三步检验法"的案例。例如，上海市第一中级人民法院就"华严诉上海沪剧院案"作出的判决。[1]在该案中，被告上海沪剧院的沪剧剧本《胭脂盒》与原告小说《胭脂扣》在作品名称、主人公、人物关系、场景、情节等方面有相似之处，双方就被告是否侵害了原告享有的作品改编权产生了争议。上海市第一中级人民法院在就双方作品是否构成实质性相似进行判断时，适用了如下"三步检验法"：首先，确定两部作品的相似之处属于作品的思想还是表达；其次，确定两部作品相似的表达是否属于独创性表达；最后，比较独创性表达在两部作品中是否构成实质性相似。[2]

上海市第一中级人民法院所采用的"三步检验法"与美国版"整体观感法"及"抽象分离法"也有着较大的区别：一是比较的顺序不同。美国版"整体观感法"和"抽象分离法"遵循的是"先过滤、后比较"方式，即先对原告作品中不受保护的要素与受保护的要素予以区分，过滤掉不受保护的要素后，再将原告作品与被告作品进行比较判断是否构成实质性相似；而我国的"三步检验法"则是采用"比较—过滤—比较"交替进行的测试方式，即先比较原被告作品确定其相似之处，在相似成分中剔除在先作品中的思想部分、惯常性表达部分，再判断相似的独创性表达成分是否足以构成实质性相似。二是整体比较的方法不同。由于美国的"整体观感法"在最后的比较阶段禁止了专家证言的使用，其往往难以在明确区分受保护内容的基础上作出整体比较；而我国的"三步检验法"则更注重在分析确认独创性表达的基础上，对原被告作品进行综合性的整体比较。

---

〔1〕　参见上海市第一中级人民法院（2012）沪一中民五（知）终字第112号民事判决书。

〔2〕　参见胡震远、朱秋晨：《改编作品的三步检验法》，《人民司法》2013年第8期，第50—51页。

我国法院在司法实践中，并没有照搬"整体观感法"或"抽象分离法"，而是另辟蹊径运用了上述的"三步检验法"进行判断，这对于确立符合我国国情的实质性相似判断方法而言是一次有意义的尝试。但"三步检验法"在以下两个方面仍有待完善之处。

第一，在第三阶段中进行整体比较的目的不甚明确。出于应当在市场层面上对著作权排他性进行保护这一政策判断背景，美国在实质性相似判断中积极地适用了"整体观感法"。的确，从"市场替代性"的观点来看，将比较原被告作品相似性的任务交由消费者，让其作出自然的判断应是较为妥当的。但是，我国的"三步检测法"与美国的"整体观感法"并不相同。美国的"整体观感法"是不区分作品中思想与表达的基础上，由作为普通观察者的陪审员来对原被告作品进行整体比较。与此相比，我国的"三步检测法"则是在确认独创性表达的基础上，对作品进行整体比较。可以说，我国的比较方法并不能很好地评价被告作品对原告作品市场所带来的影响。[1]

第二，缺乏可预见性。我国的"三步检验法"在确定了原被告作品在独创性表达方面具有相似性的情况下，仍需要对两部作品在整体印象方面是否类似、被告作品是否使用了原告作品的核心内容等因素进行综合考虑。例如，在"郭强诉上海电影公司案"中，上海市徐汇区人民法院认为，"两部作品虽然在独创性表达上有几点相似之处，从电视剧《天涯歌女》中也可隐约看到剧本《金嗓子周璇》所塑造的一些人物形象的影子，但由于两部作品在承载剧情主要内容的基本表达上出现了重大差异，上述几点相似之处均非基本表达的相似，更多体现为借鉴而不是演绎。因此，本院认为电视剧《天涯歌女》和剧本《金嗓子周璇》不存在实质

---

[1]　奥邨弘司「翻案権侵害における全体比較論——米国における実質的類似性判断手法の紹介と若干の検討」Law & Technology 66 号（2015 年）30 頁参照。

性相似。"[1]该测试方法，虽然给实质性相似的判断带来了灵活性，但同时也模糊了著作权的保护范围，具有一定的不确定性。

（三）我国的"过滤测试法"

那么，我国应当采用何种测试方法来对实质性相似进行判断呢？这与著作权法所保护的作品的意义密切相关。我国《著作权法》第3条以概括方式列举了作品的种类，而作品的定义方面却并无明文规定。[2]但国务院制定颁布的《著作权法实施条例》第2条规定："著作权法所称作品，指文学、艺术和科学领域内，具有独创性并能以某种有形形式复制的智力创作成果。"根据该规定，著作权法所保护的作品应满足两个要件，即要件一应属于文学、艺术和科学领域内的智力成果；要件二应具有"独创性"和"可复制性"。其中，应注意要件二的"可复制性"与《美国著作权法》第102条（a）规定的"固定性"之间的区别[3]，"可复制性"要求该作品应是"能够被他人客观感知的外在表达"。[4]其理由在于，作品是沟通作者内心世界和客观外部世界的桥梁，思想感情或"腹稿"如果没有通过一定语言、艺术或科学符号形式表达出来，就无法使社会公众加以阅读、欣赏或感知，也就没有任何社会价值，无法被复制和传播。[5]由此看来，"可复制性"也可以被视为对作品"外在表达"的要求，要件二的"独创性"和"可复制性"实际上指的就是著作权所保护的"独创性表达"。

在最高人民法院于2017年3月6日公布的第16批指导案例之"张晓燕诉雷献和等案"中，法院先明确著作权法的保护对象

---

〔1〕　上海市徐汇区人民法院（2013）徐民三（知）初字第35号民事判决书。

〔2〕　参见李扬：《知识产权法总论》，中国人民大学出版社2008年版，第44页。

〔3〕　参见丛立先：《国际著作权制度发展趋向与我国著作权法的修改》，知识产权出版社2012年版，第139页。

〔4〕　王迁：《知识产权法教程》（第7版），中国人民大学出版社2021年版，第56页。

〔5〕　王迁：《知识产权法教程》（第7版），中国人民大学出版社2021年版，第56页。

是独创性表达之后，再以独创性表达为标准对作品的保护范围即实质性相似的问题作出判断。该案中，被告拍摄的电视剧《最后的骑兵》（以下简称"雷剧"）与根据原告创作的剧本拍摄的电视剧《高原骑兵连》（以下简称"张剧"）有诸多雷同之处，主要人物关系、故事情节诸多方面存在相同或近似，双方就被告剧本及电视剧是否侵害原告剧本及电视剧的著作权产生了争议。山东省高级人民法院认为，"我国著作权法所保护的是作品中作者具有独创性的表达，即思想或情感的表现形式，不包括作品中所反映的思想或情感本身。""在判断'雷剧'与'张剧'是否构成实质相似时，应比较两部作品中对于思想和情感的表达，将两部作品表达中作者的取舍、选择、安排、设计是否相同或相似，而不是离开表达看思想、情感、创意、对象等其他方面。""整体而言，'雷剧'与'张剧'具体情节展开不同、描写的侧重点不同、主人公性格不同、结尾不同，二者相同、相似的故事情节在'雷剧'中所占比例极低，且在整个故事情节中处于次要位置，不构成'雷剧'中的主要部分，不会导致读者和观众对两部作品产生相同、相似的欣赏体验，不能得出两部作品实质相似的结论。"[1]

粗略一看，很容易被"二者相同、相似的故事情节在'雷剧'中所占比例极低"；"不会导致读者和观众对两部作品产生相同、相似的欣赏体验"这样的表述所迷惑，认为该案与前述的华严公司诉上海沪剧院案一样，采用了"比较—过滤—比较"的"三步检验法"。实际上，对该案具体案件情况进行分析后即可发现，法院认定实质性相似不成立的理由在于，两部作品的相似部分仍停留在思想层面（例如，"根据同一历史题材创作的作品中的题材主线、整体线索脉络，是社会共同财富，属于思想范畴。"），或是其相似部分属于惯常表达（例如，"从语言表达看，'雷剧'中'做

---

[1]　山东省高级人民法院（2011）鲁民三终字第194号民事判决书。

个自由的牧羊人'与'张剧'中'做个牧羊人'语言表达基本相同，但该语言表达属于特定语境下的惯常用语，非独创性表达"）。因此，这些相似部分都不是"独创性表达"。

由此可见，"张晓燕诉雷献和等案"中法院所采用的判断方法，其实是先通过比较原被告作品来确定相似部分后，再对其相似部分是否属于独创性表达进行判断的"过滤测试法"。首先，确定两部作品的相似内容；其次，确定两部作品相似内容是否具有独创性；最后，确定两部作品的相似内容是否属于独创性表达。以下主要就"过滤测试法"的具体适用进行简要分析。

第一阶段，确定两部作品的相似内容。我国著作权侵权案件的相关司法实践中，原告对被告提起诉讼的主要原因之一是原被告作品之间存在着一定的"相似"。暂且不论该"相似"到底属于独创性表达的"相似"还是思想上的"相似"，原被告双方往往围绕一定的"相似"产生纠纷。因此，第一阶段首先需要对于原告作品和被告作品进行比较，提取出两者的相似内容。但值得注意的是，第一，由于在实质性相似成立的情况下，被告作品可能会对原告作品产生替代性，从而损害原告作品的市场利益，削减作者的创作意欲和动力。为保护著作权人的作品市场及著作权法对创作的激励效果，在确定原被告作品的相似内容时，原则上应当以读者、观众等消费者的视点为标准进行对比确定。但是，在涉及计算机程序或作品中包含复杂技术要素的情况下，从消费者的观点难以对其作品进行实质比较，则应允许例外地从专家的观点对其进行比较。第二，该阶段的目的在于通过比较确定原被告作品是否存在事实上的相似，而非对两作品的相似属于思想或表达进行判断。

第二阶段，确定两部作品相似内容是否具有独创性。在第一阶段提取出原告作品和被告作品的相似内容后，第二阶段需要确定两部作品相似内容是否具有独创性。至于应何理解独创性，包括我国在内的世界各国均没有在立法上对独创性进行定义或给予解释，这为法官在司法实践中判断作品的独创性带来了困难，也造成了判定标准的不稳定性和不统一性。[1]学术界关于独创性判断标准的观点也并不一致[2]，但笔者认为，著作权法中所指的独创性，并非意指作品的新颖性、艺术性或学术性，而应理解为，创作出了与他人作品所不同的内容，即是独创性。[3]因此，幼儿园儿童所绘的画、小学生的作文，只要与现有表达有所不同，即满足了独创性的要求。将独创性要件进行宽松解释的趣旨在于，由于著作权法效力所及的文化领域乃是多样性的世界，其与专利法等调整的技术领域不同，无须追求发展的方向性。[4]为促进文化的多样性，应对作者创作出不同的表达这一创作活动进行奖励，通过该奖励，世间能有多种多样的作品被创作出来，也更有助于文化的繁荣和发展。如果以高度的学术性、艺术性作为独创性的要件，那么在面临什么是应予振兴的文化，什么是应被摒弃的文化这一问题时，法官将不得不对此作出鉴别选择，但这样的判断并不适合交由法官作出，其结果也会对法的安定性造成损害。[5]此外，由于文化领域中表达内容重叠的概率并不高，在仅出于偶然的情况下两种表达一致的现象鲜少发生，即使将权利给予那些创作出与众不同表达的创作者，也并不会对其他人的创作活动造成过多的不良影响。

第三阶段，确定两部作品的相似内容是否属于独创性表达。在第二阶段确定两部作品的相似内容是否具有独创性后，第三阶

---

〔1〕 参见姜颖：《作品独创性判定标准的比较研究》，《知识产权》2004年第3期，第8页。

〔2〕 参见乔丽春：《"独立创作"作为"独创性"内涵的证伪》，《知识产权》2011年第7期，第35-36页。

〔3〕 参见刘文杰：《微博平台上的著作权》，《法学研究》2012年第6期，第124页。

〔4〕 中山信弘『マルチメディアと著作権』（岩波書店，1996年）41-42頁参照。

〔5〕 参见刘文杰：《微博平台上的著作权》，《法学研究》2012年第6期，第122页。

段需要确定相似内容是否属于著作权法所保护的独创性表达。思想表达二分法明确了著作权法的保护范围仅及于表达，而不及于其思想，该原则在《与贸易有关的知识产权协议》（以下简称"TRIPS 协议"）及各国的著作权法中都有所体现。与保护思想的专利法不同，著作权法并不保护思想，其原因在于，著作权法不仅仅是对市场竞争行为进行规制，对个人的文化活动也有着广泛的影响。思想表达二分法则是保护的范围限定为具体的表达，承认思想可以被广泛地自由利用，从而在一定程度上防止著作权法对思想自由和行动自由产生过度的限制。[1] 至于两部作品的相似部分属于思想还是表达，则应以创作时可供他人选择的表达范围之大小——表达的自由度为标准进行判断。[2] 换言之，如果可供选择的表达方式是有限的，应被视为思想的范围便会扩大，著作权的保护范围则相应缩小；与此相反，如果可供选择的表达方式较为丰富，可以被视为表达的范围扩大，著作权的保护范围也相应扩大。例如，在上述"张晓燕诉雷献和等案"中，法院认为，"必要场景，指选择某一类主题进行创作时，不可避免而必须采取某些事件、角色、布局、场景，这种表现特定主题不可或缺的表达方式不受著作权法保护；表达唯一或有限，指一种思想只有唯一一种或有限的表达形式，这些表达视为思想，也不给予著作权保护。"关于两部作品的人物设置与人物关系，"作品中都包含三角恋爱关系、官兵上下关系、军民关系等人物设置和人物关系，这样的表现方式属于军旅题材作品不可避免地采取的必要场景，因表达方式有限，不受著作权法保护。"需要注意的是，区分思想和表达的目的是保护创作的自由，因此，在对两部作品的相似内容是否属于独创性

---

〔1〕 田村善之『著作権法概説（第 2 版）』（有斐閣，2001 年）18 頁参照。

〔2〕 田村善之「著作権の保護範囲に関し著作物の『本質的な特徴の直接感得性』基準に独自の意義を認めた裁判例（2）——釣りゲータウン 2 事件」知的財産法政策学研究 42 号（2013 年）92 頁参照。

表达进行判断时，应从创作者或专家的视点进行分析。

我国的"过滤测试法"忠实地反映了独创性表达的相似性，其合理性体现在如下几个方面：第一，兼顾了市场替代性和思想表达二分法两个考虑因素。为保护著作权人的作品市场及著作权法对创作的激励效果，在第一阶段确定原被告作品的相似之处时，原则上以普通观察者的视点为标准进行对比确定，但也允许在计算机软件等包含复杂技术的案件中采用专家的意见。同时，为了保护创作的自由，在第二阶段和第三阶段对两部作品的相似内容是否属于独创性表达进行判断时，从创作者或专家的视点对思想与表达进行区分。由于"过滤测试法"是一种"先比较、后过滤"的测试方法，并不存在市场替代性及思想表达两分法两个考虑因素难以兼顾的问题。

第二，提高了法院判决的一致性和可预见性。明确了著作权法的保护对象是独创性表达后，在对其保护范围即实质性相似的问题作出判断时，也应以独创性表达为标准进行考虑。如果独创性表达被盗用，则意味着著作权法所保护的作品被他人不当利用，即使其盗用的量较少，也仍然构成著作权侵权。我国的"过滤测试法"在判断侵权与否时，先就原被告作品的相似部分是否属于独创性表达作出判断，然后再结合引用等著作权的限制规定，针对被告的行为是否构成合理使用这一问题进行综合考虑。通过此判断过程，"过滤测试法"克服了"三步检验法"中所存在的缺乏可预见性这一问题，更具有优越性。

五、结　语

本章主要从比较法的角度出发，对著作权侵权中实质性相似的判断方法进行了论述。我国的司法实践中，法院在进行著作权侵权判定时，主要采用美国的"整体观感法"和"抽象分离法"作为实质性相似的判断方法。但是，美国的"整体观感法"和

"抽象分离法"在一定程度上受到美国陪审制度的影响，体现出了"先过滤、后比较"及"类型化"的特点，而该特点又使得实质性相似的测试方法在实际判断中对思想表达二分法及市场替代性两个考虑因素各有侧重，但也难以兼得。相较而言，我国在著作权侵权案件中并没有采用美国式的陪审制度，自然无须考虑陪审制度对实质性相似判断的影响。

近年来，我国的法院在案件审判中也并未拘泥于适用"整体观感法"或"抽象分离法"，也出现了适用中国版"三步检验法"的案例。首先，确定两部作品的相似之处属于作品的思想还是表达；其次，确定两部作品相似的表达是否属于独创性表达；最后，比较独创性表达在两部作品中是否构成实质性相似。我国的"三步检验法"，对于确立符合我国国情的实质性相似判断方法而言是一次有意义的尝试。但是在确定了原被告作品在独创性表达方面具有相似性的情况下，仍需要对两部作品在整体印象方面是否类似、被告作品是否使用了原告作品的核心内容等因素进行综合考虑。该测试方法虽然给实质性相似的判断带来了灵活性，但同时也模糊了著作权的保护范围，具有一定的不确定性。

2017 年，最高人民法院公布的第 16 批指导案例中，涉及著作权侵权的"张晓燕诉雷献和等案"在进行实质性相似判断时，采用了先确认原被告作品的相似部分，再对其相似部分是否属于独创性表达进行判断的"过滤测试法"。首先，确定两部作品的相似内容；其次，确定两部作品相似内容是否具有独创性；最后，确定两部作品的相似内容是否属于独创性表达。该测试方法，不仅兼顾了市场替代性和思想表达二分法两个考虑因素，而且在著作权侵权案件中，先就原被告作品的相似部分是否属于独创性表达作出判断，然后再就被告的行为是否构成合理使用进行综合考虑。显然，"过滤测试法"比"三步检验法"更具有法的安定性及可预见性。

第四章
著作权法与《反不正当竞争法》一般条款的关系

一、问题的提出

我国《反不正当竞争法》第 2 条第 1 款规定，"经营者在生产经营活动中，应当遵循自愿、平等、公平、诚信的原则，遵守法律和商业道德"；本条第 2 款则明确了"本法所称的不正当竞争行为，是指经营者在生产经营活动中，违反本法规定，扰乱市场竞争秩序，损害其他经营者或者消费者的合法权益的行为"。[1] 该法第 2 条的特征在于，并不事先规定特定"权利"侵害的类型，而是设定了"诚信原则""商业道德""合法权益"等抽象要件，将具体的判断交由法院进行自由裁量。如果按照法与经济学中规则（Rules）和标准（Standards）的分类方法进行分类，[2]《反不正当竞争法》第 2 条规定了抽象要件，应类属于标准，需通过司法将规范进行具体化。以此条文构造为前提，如果不考虑知识产权对他人行动具有广泛制约性这一特征的话，在著作权法中没有明文规

---

* 本章主要内容曾收录于《创新与竞争：网络时代的知识产权》，知识产权出版社 2018 年版。

〔1〕 关于反法第 2 条可否作为一般条款适用，我国学界存在"法定主义说"（如，孙琬钟主编：《反不正当竞争法实用全书》，中国法律年鉴社 1993 年版，第 29 页；种明钊主编：《竞争法》，法律出版社 2008 年版，第 112 页），"一般条款说"（如，蒋舸：《反不正当竞争法一般条款的形式功能与实质功能》，《法商研究》2014 年第 6 期，第 140—148 页）和"有限一般条款说"（如，孔祥俊：《反不正当竞争法的适用与完善》，法律出版社 1998 年版，第 53—56 页）三种理论。

〔2〕 See Kaplow Louis, *Rules versus Standards: An Economic Analysis*，Duke Law Journal，Vol.42，No.3，pp. 557–629.

定存在的情况下，法院裁判中适用《反不正当竞争法》第2条也可谓是有据可依的。

但是，在著作权法对某种利用行为没有明文规定的情况下，也依然认同其违法性，实际上意味着法院在知识产权法所承认的范围之外创设了新的知识产"权"，即法官造法。虽然可以将其归类于标准型规范——《反不正当竞争法》第2条的解释问题，但是创设新的知识产"权"的任务到底应该交由立法程序来实现，还是交给司法机关来自由裁量，该问题的解答还需要慎重的考虑和探讨。[1]此外，即使从司法和立法的职责分立的角度来看[2]，法院在著作权法所承认的范围之外创设新的知识产"权"这一情况能够被认可，但无视知识产权所固有的内在制约和外在制约，单纯对《反不正当竞争法》第2条进行独立的解释是否妥当呢？本章将针对该核心问题进行具体分析。

二、日本的司法实践

与我国不同，由于日本《反不正当竞争法》中并没有类似的一般条款[3]，著作权法相关的补充保护问题主要通过著作权法和日本《民法典》第709条之间的关系予以解决。日本《民法典》第709条规定："因故意或过失而侵害他人的权利或法律所保护的利益者，对因此所生的损害承担赔偿责任。"即，日本《民法典》第709条将"权利"或者"法律所保护的利益"确定为侵权行为法的

---

〔1〕 丁文杰「知的財産権・不法行為・自由領域——日韓両国における規範的解釈の試み」AIPPI61巻5号（2016年）13頁参照。

〔2〕 田村善之「知的財産法からみた民法709条——プロセス志向の解釈論の探求」NBL936号（2010年）54頁参照。

〔3〕 设立一般条款的优点在于，不需要特别的立法措施即可将新类型的不正当竞争行为列入其规范范围。但是相对的，因其运用方法而异，其结果也可能是，不经法院判决就难以确定什么行为是被禁止的，从而导致竞争削弱等问题。日本在1993年的修订中，由于对于这些问题抱有较大的担忧，最终并未导入一般条款。参见李明德：《关于〈反不正当竞争法〉修订的几个问题》，《知识产权》2017年第6期，第20页。

保护对象。其中"法律所保护的利益"这一表述，是在 2004 年修订日本《民法典》时，为了将"虽属于已经确立的判例及通说的解释、但条文中尚未明文规定的内容纳入法律规范之中"[1]，而新增到该条文的内容。在此意义上，日本《民法典》第 709 条属于标准型规范，需要通过司法将其规范进行具体化。

（一）日本的最高法院判决

对于著作权法中没有明文规定的利用行为，是否可以适用日本《民法典》第 709 条的一般侵权行为规定予以规制，日本的审判实践涉及这一问题的案例虽多，但最高审级阶段的判例却相对较少。其中，从大正时期的"桃中轩云右卫门案"[2]到"大学汤案"[3]，判例经历了从严格解释到相对灵活解释的转换。但是最高法院近期的判决则是倾向于采取较为严格的解释，具体如下。

1. 疾速赛马案

近年来的判例虽然并未完全否定"大学汤案"大审院判决的灵活解释，但大都认为，应该限制侵权行为法对知识产权法的补充保护。涉及物的公开权（the right of publicity）的"疾速赛马案"[4]就是典例，以下对该案进行简要介绍。

该案中，被告在其制作销售的游戏软件中未经许可擅自使用了赛马的名称，赛马的所有者认为，赛马的名称中具有顾客吸引力等经济价值，而被告的行为侵害了其对于该经济价值进行独占支配的财产权（物的公开权），要求被告停止侵权，并承担基于侵权行为的损害赔偿责任。日本最高法院认为，物的名称等作为无形层面的利用行为，由著作权法等与知识产权相关的法律在保护权利的同时，也对排他性使用权所涉及的范围及界限作出了明确

---

〔1〕　法務省民事局参事官室「民法現代語化案補足説明」NBL791 号（2004 年）87 頁。

〔2〕　大審院 1914 年 7 月 4 日判决，大審院刑事判決録 20 輯 1360 頁。

〔3〕　大審院 1925 年 11 月 28 日判决，最高裁判所民事判例集 4 卷 670 頁。

〔4〕　最高裁判所 2004 年 2 月 23 日判决，最高裁判所民事判例集 58 卷 2 号 311 頁。

的规定，以使得其赋予的使用权不致过度制约国民的经济及文化活动的自由。鉴于此，即便赛马名称等具备一定的顾客吸引力，但是在缺乏法律法规等依据的情况下，承认赛马所有人对赛马名称享有排他性使用权并不妥当。

然而，根据本案调查官濑户口壮夫的解说，最高法院判决中所表达的观点仅仅是在本案这样的案情中，即便就所有权或物的公开权作出主张，侵权行为也无法成立。实际上，这并没有完全否认基于与本案不同的事实关系利用赛马名称时，经由其他法律构造认定侵权行为成立的可能性。另外，该调查官又指出，基于怎样的事实关系，持怎样立场的人在什么范围内能够认可基于侵权行为的损害赔偿请求权，这些问题将留待今后判决以及学说的积累来一一厘清。[1] 由此看来，当基于其他的法律构成，而非物的公开权这类新型权利进行主张时，对于赛马名称的利用行为，尚留有认定侵权行为成立的可能。

2. 朝鲜电影案

另一值得讨论的最高法判例是"朝鲜电影案"[2]。该案的主要争议焦点在于，朝鲜的作品是否受日本《著作权法》的保护，如果不受保护的话，对于该作品的利用行为是否应构成民法上的侵权行为。

具体案情如下：在临近朝鲜战争开战日时，朝鲜的电视中播放了以强调朝鲜军人比韩国军人更强大勇敢为内容的电影《命令027号》，被告在其电视新闻节目中，未经原告许可播放了其作品的一部分内容（共计2分11秒），对此，原告根据日本《著作权法》要求被告停止侵权，并基于侵权行为要求被告进行损害赔偿。最高法院认为，由于朝鲜是未被日本承认的国家，即便与日本同

---

〔1〕 瀬戸口壮夫「判解」『最高裁判所判例解説民事篇平成16年度（上）』（法曹会，2007年）118-119頁。

〔2〕 最高裁判所2011年12月8日判决，最高裁判所民事判例集65卷9号3275頁。

为《伯尔尼公约》的成员，但日本不负有保护朝鲜作品的义务。因此，最高法院否定了著作权法的保护。[1] 随后，对于未承认国家的作品的利用行为和一般侵权行为之间的关系，最高法院作出了较为限定的解释：由于著作权法明确了权利范围的界限，对于不符合日本《著作权法》第6条规定的作品，如果其利用行为中并没有侵害到与知识产权法所规范的对象利益具有不同旨趣的合法权益等特殊情况，那么该行为并不构成侵权行为。

该判决与"疾速赛马案"一样，认为在著作权法的保护被否定的情况下，应尽量对侵权行为法的补充保护进行限制。但是本案明确了如果存在"特殊情况"时可以例外地肯定侵权行为的成立，而对于在何种情况下侵权行为可以成立这一问题，则是提出了"与知识产权法所规范的对象利益具有不同旨趣的合法权益"这一要件。

（二）与知识产权法所规范的对象利益具有不同旨趣的合法权益

1. 市场先行利益

"朝鲜电影案"最高法院判决的调查官在其解说中指出，"本判决仅只是明确了在本案的具体情况下侵权行为并无成立之可能，而对于妨碍营业的侵权行为成立与否的范围标准，本判决并未作出指示。"[2] 由此可见，最高法院把营业利益视为"与知识产权法所规范的对象利益具有不同旨趣的合法权益"的典型例子，如果营业活动中的利益因他人妨碍营业而被侵害，侵权行为仍有可能成立。

在"仿木纹墙纸案"中[3]，被告将他人制作销售的仿木纹墙纸

---

〔1〕 丁文杰「未承認国の著作物の保護範囲（1）—北朝鮮映画放送事件—」知的財産法政策学研究41号（2013年）325-357頁参照。

〔2〕 山田真紀「北朝鮮著作権事件」Law & Technology56号（2012年）86頁。

〔3〕 東京高等裁判所1991年12月17日判決，知的財産権関係民事・行政裁判例集23巻3号808頁。

影印复制后，制成花纹完全相同的仿木纹墙纸并在同一竞争区域
里廉价销售，对于此行为，日本法院肯定其侵权行为的成立。由
于仿木纹墙纸的原画不能被视为纯粹美术，东京高等法院否定了
其作品性，并在此基础上论述道，"被告将原告产品的花纹丝毫未
变地完全照搬制作出被告产品，并在与原告的销售区域具有竞争
性的区域内廉价销售其产品，导致原告难以维持其销售价格，对
于被告的此类行为，已经远远脱离了交易中公正及自由竞争所能
允许的范围，侵害了理应受到法律保护的原告的营业利益，构成
侵权行为"，并支持了原告基于日本《民法典》第709条的损害赔
偿请求。

　　该判决是在日本《反不正当竞争法》第2条第1款第3项新
设之前，对于知识产权法未予规范的行为，承认了一般侵权行为
成立的案例。有学者认为，该判决将营业利益或经济活动的利益
理解为日本《民法典》第709条的"法律所保护的利益"，从知
识产权法之外的观点出发，将侵害了该营业利益或经济活动利益
的行为视为侵权行为，并据此将利益主体所产生的损害作为赔偿
对象予以认定。[1] 但是，从该案的具体案情来看，该案考虑到被
告将仿木纹墙纸的花纹原样复制（dead copy）后制作出被告产品，
并将其在与原告有商业竞争的地区廉价销售，由此导致原告产品
难以维持其销售价格。事实上，即便不存在廉价销售的行为，被
告通过对原告产品的原样复制，节约了商品化所需要的时间成本，
使得原告由此损失了"市场先行利益"，也足以将被告的行为认定
为侵权行为。

　　当然，在并非原样复制他人商品的情况下，即使思想构思被
盗用，原则上模仿仍是自由的。而将单纯对思想构思的模仿与原
样复制进行区别，并对原样复制的情况进行规制的原因在于，如

---

〔1〕 潮見佳男『不法行為法Ⅰ』（信山社，2009年）92–93頁参照。

果放任原样复制的竞争行为，模仿者制作商品并将其投入市场的过程，其商品化所需要的时间、劳动力、费用等都会大大节约，最终将导致商品开发的先行者丧失其领先市场所本应享有的利益。由于当时对市场先行利益进行保护的专门立法尚未完成，为保护商品开发所需的激励机制，有必要从知识产权法之外的旨趣出发对原样复制行为进行规范。[1]

作为商品开发的激励因素，"市场先行利益"实际上已经超越了知识产权法的保护范围。为了保护"市场先行利益"，即使基于日本《民法典》第 709 条的侵权行为对原样复制行为进行规制，由于该利益属于"与知识产权法所规范的对象利益具有不同旨趣的合法利益"，并不会构成对知识产权法趣旨的直接规避。值得注意的是，以"仿木纹墙纸案"为契机，1993 年修订的日本《反不正当竞争法》中新增了对商品形态原样复制进行规制的第 2 条第 1 款第 3 项，专门对"市场先行利益"进行保护。至此，"市场先行利益"也成为知识产权法所规范的对象利益。

2. 创作投资相关的利益

在"汽车数据库案"中[2]，原告投入 5 亿日元开发了面向汽车维修业者的数据库，并为维护管理每年花费 4000 万日元的费用，而被告大量复制该数据并在竞争地区内进行了销售。东京地方法院认为，由于在汽车和数据项目的选择以及数据库的体系构成方面缺乏独创性，该数据库不属于著作权法所保护的作品。但是企业投入费用和劳动力收集整理信息后建成数据库，通过销售数据库来进行其营业活动。在此情况下，被告将该数据库中的数据大量复制后制作成新的数据库，并在与前者数据库有竞争的地区内进行销售。根据公正自由的竞争原则，此类行为显然属于采用不公正的手段侵害他人受法律保护的经营活动利益的行为，构成侵

---

〔1〕　田村善之『知的財産法』(有斐閣，2010 年) 30-32 頁参照。

〔2〕　東京地方裁判所 2001 年 5 月 25 日判決，判例時報 1774 号 132 頁。

权行为。

原则上，数据库若想要受到著作权法的保护，必须在素材的选择或者体系的构成上具有独创性，由任何人创作都可以达到相同效果的表达是不受著作权法保护的（参照日本《著作权法》第 2 条第 1 款第 10 项之 3、第 12 条之 2 第 1 款）。但是，实际上数据库的价值主要体现在其庞大的信息积累上，而信息的收集往往需要较大的投资。由此来看，对数据库提供实质性保护的要求与著作权法的保护之间可以说存在分歧。[1] 此外，就经过大量投资所开发出来的数据库而言，如果不对他人的搭便车行为加以限制的话，无疑会对开发投资数据库的激励机制造成负面影响。鉴于此，考虑到数据库开发对于社会的有益性，若因为他人的搭便车行为，导致数据库的开发不能或难以实现，在此情况下，有必要对数据库予以一定的法律保护。[2]

综上所述，从减少投资阻碍的观点来看，在投资回收所需要的一定期间内，即使通过侵权行为法对竞争行为进行必要的限制，但由于对创作投资的保护属于对"与知识产权法所规范的对象利益具有不同旨趣的合法利益"的保护，该限制并不会导致脱离著作权法旨趣的后果。

三、韩国的司法实践

现行韩国《民法典》第 750 条规定："因故意或过失的违法行为而导致他人遭受损害的，承担相应的损害赔偿责任。"该条文明确了加害行为的"违法性"是侵权行为的构成要件之一。此处的加害行为的"违法性"，是指违法侵害法律所保护的利益的特殊含

---

〔1〕 田村善之『著作権法概説』（有斐閣，2001 年）27 頁；山根崇邦「著作権侵害が認められない場合における一般不法行為の成否」知的財産法政策学研究 18 号（2007 年）255 頁参照。

〔2〕 蘆立順美「データベースの保護」著作権研究 36 号（2010 年）79 頁参照。

义，即使没有以某种权利的形式被明文规定在法律中，也可能成为侵权行为法的保护对象。[1]在此意义上，韩国《民法典》第750条也属于标准型规范，需要通过司法将其规范进行具体化。

（一）韩国的最高法院判决

对于著作权法中没有明文规定的利用行为，是否可以适用民法中的一般侵权行为规定予以规制，日韩两国的判例对此问题采取了不同的态度。日本的最高法院判决无一例外地对此予以了否认；与此相对，韩国的最高法院判决则是积极地承认了侵权行为的成立。[2]

1. 网络广告案

在韩国的审判实践中，涉及拦截他人网络广告是否构成侵权行为这一问题的"网络广告案"[3]，最高法院判决就是极具代表性的判例。

该案中的原告是韩国最大网络搜索门户网站"世联"（Naver）的运营商，通过招揽广告主在其门户网站投放条幅广告，提供按优先顺序呈现搜索结果的服务等方法获得广告收入。被告则是开发了一个可以使用户在访问原告门户网站时，电脑上直接显示被告所提供广告的程序，并通过被告运营的网站发布了该程序。原告将被告诉至法院，要求被告停止该广告程序的销售及发布。与采用了限定解释的日本最高法院判决不同，韩国最高法院认为，

---

[1] 곽윤직 편, 민법주해 18（채권 11）, 박영사, 2005, 205-227 면；권용우, 불법행위론, 신양사, 1998, 69-71 면；김주수, 채권각론, 삼영사, 1997, 648-650 면；김상용, 채권각론, 법문사, 2003, 661-662 면 참조.

[2] 韩国的地方法院中也有对侵权行为予以承认的案例。例如，在"整形外科主页案"（서울중앙지방법원 2007.6.21. 선고 2007 가합 16095 판결）中，法院认定，整理外科主页上登载的患者照片及咨询内容不属于著作权法所保护的作品，但是，未经授权使用这些内容的行为应属侵权行为。又如，在"多拉山站壁画案"（서울고등법원 2012.11.29. 선고 2012 나 31842 판결）中，对于"艺术创作者的人格利益"这一著作人身权范围之外的作者人格利益，法院认同了其基于侵权行为法的保护。

[3] 대법원 2010.8.25. 2008 마 1541 결정.

"为了自身的经营，违反商业道德及公平竞争的秩序，未经授权擅自将竞争者投入了大量劳力与投资产出的成果予以利用，坐享竞争者劳力及投资之益，不当获利且侵害了竞争者受法律保护的利益，此行为视为不正当的竞争行为，属于民法上的侵权行为。"在此基础上，韩国最高法院判定，被告向用户提供网络广告程序，使得安装了该程序的用户在访问原告运营的门户网站时，网站画面上显示被告替换插入的广告，被告的行为不仅是对原告门户网站的信誉及顾客吸引力的擅自利用，而且妨碍了原告的正常营业，是将原告理应获得的广告营业利益擅自盗取的不正当竞争行为，从而构成民法上的侵权行为。

　　在韩国的文献中，有学者从网络用户的选择自由的角度出发，主张被告经营活动的正当性。例如，林相珉对此阐述如下："世联等门户网站之所以能够从事广告活动，是因为网络用户选择世联作为搜索引擎，使之显示在自己的电脑屏幕上。换言之，网络用户选择何种门户网站作为搜索引擎，或怎样构成自己的电脑画面，世联等门户网站没有任何权利对此进行限制。而被申请人的程序，基本上是以网络用户自己选择将该程序与世联等门户网站的页面同时显示在电脑屏幕上作为前提运作的。也就是说，只要是基于正当权利人的自由选择，被告的经营活动也应属正当行为。"[1]

　　但是，该判决关注的焦点并不在于被告对顾客吸引力的搭便车行为或者用户拥有的广告选择自由等方面，实际上，对门户网站等服务提供商的广告机制的保护才是该案的关键因素。百度（Baidu）、雅虎（Yahoo!）、谷歌（Google）及世联（Naver）等服务提供商主要通过广告收入的形式实现投资回收，并在此基础上花费大量费用构建起门户网站，如果容许被告对原告门户网站的信誉及顾客吸引力搭便车，将原告的条幅广告拦截替换为被告广告

---

[1] 임상민, "지적재산법상 보호되지 아니하는 지적성과물에 대한 무단 이용과 일반 불법행위의 성부", 저스티스, 제132호, 2012, 163면.

并发布等行为，这无疑将会对门户网站的运营动力及激励造成过度损害。由于与门户网站构建所必需的激励因素密切相关的"广告营业利益"并不属于著作权法所保护的对象利益，考虑到门户网站免费向用户提供搜索、新闻、在线词典、邮件等各种服务于社会而言是有益的，以此价值判断为前提，应当认定被告的上述行为构成了对门户网站广告活动的妨害，并据此肯定其构成侵权行为。

综上所述，从确保门户网站构建所必要的激励因素这一观点来看，韩国最高法院将被告的行为评价为侵权行为的判决是正确的。

2. 凯蒂猫案

另一值得讨论的判例则是"凯蒂猫案"的最高法院判决。[1]该案在否定了知识产权法保护的情况下，对于坐享他人商品化事业之利的搭便车行为，积极认定了侵权行为的成立。

该案被告鉴于《冬季恋歌》《黄真伊》《朱蒙》《大长今》等韩剧所拥有的高人气，将凯蒂猫换上各韩剧主角的服装，制作出能让人联想到韩剧情景的角色商品，并面向外国游客为主的消费者进行销售。原告以被告侵犯了其商标权及著作权、被告行为构成不正当竞争行为及民法上的侵权行为为理由，将被告诉至法院并请求损害赔偿。韩国最高法院驳回了原告关于商标权侵权、著作权侵权以及不正当竞争行为的诉讼请求，但是对于侵权行为是否成立，韩国最高法院论述道，"为了自身的经营，违反商业道德及公平竞争的秩序，未经授权擅自将竞争者投入了大量劳力与投资产出的成果予以利用，坐享竞争者劳力及投资之益，不当获利且侵害了竞争者受法律保护的利益，此行为视为不正当的竞争行为，属于民法上的侵权行为。"在此基础上韩国最高法院判定，被告在

---

〔1〕 대법원 2012.3.29. 선고 2010 다 20044 판결.

将韩剧内容进行商品化这一事业领域中与原告存有竞争关系，被告的行为是对原告大量劳力和投资的搭便车行为，侵害了原告受法律保护的商品化活动的营业利益，据此，韩国最高法院支持了原告基于韩国《民法典》第750条的损害赔偿请求。

如果依照前述判例的理由进行分析，《冬季恋歌》《黄真伊》《大长今》《朱蒙》等电视剧是各电视台投入大量劳动力和投资获得的成果，同时各电视台利用相关电视剧的名声和顾客吸引力，以授权他人进行相关商品化经营并收取报酬的方式进行营业。由此来看，如果允许他人对电视剧人物形象商品化经营的搭便车行为，其结果将对电视剧制作的激励因素造成过度的损害。而且，与前述"网络广告案"类似，由于对电视剧制作起到激励作用的"商品化经营的营业利益"并不属于知识产权法所规范的对象利益，基于韩国《民法典》第750条认定侵权行为的成立并无不妥。

的确，近年来人物形象的重要性逐渐提高，使用高人气人物形象的商品销量显著提升，更有很多动漫在制作初始，便以人物形象的商品化为前提进行企划。然而，与本身围绕着人物形象的商品化而展开的动漫制作不同，就韩国电视剧而言，肯定对其"商品化经营的营业利益"的法律保护，究竟能给电视剧制作带来怎样的激励效果，仅从该判例的判旨来看，仍未有明确的解释。其理由在于，尽管韩国电视剧在制作上确实需要耗费巨大的费用、时间与劳动力，但制作各电视剧的电视台主要通过有线电视播放时赞助商的广告收入以及电视剧自身的版权收益等形式回收投入的资金，而通过人物形象的商品化经营获取的收益可能仅占其中的一小部分。[1] 基于上述事实，即便对人物形象的"商

---

[1] 尽管该案原告 KBS 和原告 MBC 分别请求了 159332906 韩元以及 1122576935 韩元的损害赔偿，但法院仅认定被告德卡里奥对原告 KBS 的损害赔偿额定为 1000 万韩元，对原告 MBC 的损害赔偿额定为 2000 万韩元，对于通过各电视剧获得的收益规模以及人物形象商品化经营活动的收益规模均没有做任何说明。

品化经营的营业利益"不提供法律保护，电视剧制作者仍可获得赞助商的广告收入以及电视剧的版权收益，可以说其制作电视剧所必要的激励也足够充足。换言之，该案是否符合"有必要通过规制搭便车行为来确保智力成果开发的激励机制"的情形，法院应当就包括制作韩国电视剧与商品化经营之间的因果关系等问题作出更为具体的判断。若对此问题不予明确，在知识产权专门法尚未明文规定的情况下，原则上对电视剧人物形象商品化经营活动的搭便车行为则是自由的、不受限制的。由此看来，法院断定被告行为构成侵权行为的理由，也变得不具有说服力。

综上所述，从确保电视剧制作所需激励机制的观点来看，在"凯蒂猫案"案中，韩国最高法院以被告侵害了原告通过电视剧的商品化经营活动获得的营业利益为由，认定被告的行为构成侵权行为，其说理多少有些牵强之处，略显不妥。

（二）《反不正当竞争法》一般条款的导入

以上述"网络广告案"及"凯蒂猫案"为契机，韩国在2013年的《反不正当竞争法》修订中增设了一般条款，即第2条第1款第10项规定，"为了自身的经营目的，以违反公正的商业交易习惯或竞争秩序的方式，未经授权擅自使用他人投入了大量劳力与投资而取得的成果，侵害了他人经济利益"的行为属于"不正当竞争行为"。该条款的修订改变了对不正当竞争行为的成立采取限定列举主义的立场，此后，适用一般条款对不公正的竞争行为进行概括性规制成为可能。

1.采用限定解释的"耐克案"

在韩国的司法实践中，围绕修订后的韩国《反不正当竞争法》第2条第1款第10项的适用范围，有些下级法院判决采用了限定解释，认为对于没有满足知识产权法要件的利用行为，若无特殊情况，不应适用《反不正当竞争法》一般条款。[1]例如，在"耐克案"中[2]，主要的争论点在于原告销售的运动鞋，其保护期届满后，被告对该商品形态进行模仿，是否构成韩国《反不正当竞争法》第 2 条第 1 款第 9 项规定的商品形态原样模仿以及第 2 条第 1 款第 10 项规定的不正当竞争行为。

首尔中央地方法院先斟酌了韩国《反不正当竞争法》第 2 条第 1 款第 10 项（一般条款）的立法目的、该法第 2 条第 1 款的规范体系以及该条款增设以前法院适用侵权行为条款的情况，随后考虑到韩国《外观设计法》及韩国《反不正当竞争法》为达成其立法目的，仅在必要的范围内对外观设计予以保护、对不正当竞争行为予以禁止，在此范围之外的领域则是原则上认可对外观设计的自由利用及自由竞争的情况，对该条款的规范对象，即符合其适用范围的行为类型作出了限定解释。即该行为应为现有知识产权制度未能预想到而既存法律也无法预测到的行为类型。并且，该行为应类似于反不正当竞争法所规范的不正当竞争行为（韩国《反不正当竞争法》第 2 条第 1 款第 1 项至第 9 项）。据此，首尔中央地方法院认为，被告在原告商品运动鞋形状的 3 年保护期届满后，模仿制作并销售该运动鞋并不构成不正当竞争行为。

韩国《反不正当竞争法》第 2 条第 1 款第 9 项将商品形态的保护期设定为 3 年的理由，一方面是从与韩国《外观设计法》的关系上考虑，并不能通过缓和要件获得较长期间的保护；另一方面是即使仅在较短期间内提供保护，也已足够就外观设计开发的投资费用进行回收并充分获取市场先行利益。鉴于韩国《反不正当竞争法》中已专门就商品形态的原样模仿行为作出了规定，市场先行利益也属于知识产权法所规范的对象利益。如果适用一般

---

[1] 서울중앙지방법원 2014.8.28. 선고 2013 가합 552431 판결 ; 서울중앙지방법원 2015.6.10. 선고 2013 가합 558587 판결 등 .

[2] 서울중앙지방법원 2015.6.10. 선고 2013 가합 558587 판결 .

条款对保护期届满后的模仿行为进行限制，那么第 2 条第 1 款第 9 项的存在意义就会遭到质疑。从这个意义上来说，法院判断被告的模仿行为不属于一般条款所规范的不正当竞争行为是妥当的。

2. 采用灵活解释的"蜂巢冰淇淋案"

在韩国的司法实践中，也有下级法院判决认为，修订后的韩国《反不正当竞争法》第 2 条第 1 款第 10 项的适用范围应予以灵活解释，对于没有满足知识产权法要件的利用行为，可以适用一般条款肯定不正当竞争行为的成立。[1] 例如，在"蜂巢冰淇淋案"案中[2]，原告经营甜品店，并销售装饰有自然状态蜂巢的冰淇淋，被告则是以直营或者加盟的形式经营着与原告有着类似室内装潢的甜品店。原告以被告店铺的室内装潢违反了韩国《反不正当竞争法》第 2 条第 1 款第 10 项（一般条款）的规定为理由，将被告诉至法院。

首尔中央地方法院认为，韩国法律中虽然没有特别规定对商业外观（Trade Dress）的保护，但是综合考虑在韩国《反不正当竞争法》中导入一般条款的目的及商业外观的意义，即使组成店铺外观的个别要素不受知识产权相关法律的保护，但当各个要素结合为整体时则可以将其视为商业外观予以保护。被告对原告店铺的构成要素进行模仿，将商号名称、标志等进行部分改变，给消费者带来与原告店铺是同一或类似店铺的印象。被告为了自身的经营，未经授权擅自利用了原告的顾客吸引力，其行为是对原告大量劳力及投资的搭便车行为，属于一般条款所规范的不正当竞争行为。

如果对知识产权法未作明文规定的利用行为，根据一般条款肯定其不正当竞争行为的成立，同时也意味着对他人行为自由及

---

〔1〕　서울중앙지방법원 2014.11.27. 선고 2014 가합 52471 판결；서울중앙지방법원 2015.1.29. 선고 2014 가합 552520 판결；서울지방법원 2015.7.10. 선고 2014 가합 529490 판결 등 .

〔2〕　서울중앙지방법원 2014.11.27. 선고 2014 가합 52471 판결 .

经济活动自由的限制。然而，仅仅因为顾客吸引力的搭便车行为，就对他人的行为自由予以广泛的限制，是缺乏正当性的。在此情况下，应从功利主义的观点对他人自由限制的正当性进行考虑。即，为确保对社会所必需的成果开发的激励因素，有必要对某种搭便车行为予以一定的规制。"蜂巢冰淇淋案"的法院并没有从功利主义的观点考虑案情，而是简单地以被告利用原告商业外观的顾客吸引力为理由，认定被告行为构成不正当竞争行为，其判断仍有存疑之处。

四、我国的司法实践

在我国的司法实践中，对于知识产权法中尚未明文规定的新型竞争行为，通常适用《反不正当竞争法》第2条进行规制，而非适用《侵权责任法》中的一般规定。

（一）最高人民法院判决

1. 海带配额案

在"海带配额案"中[1]，最高人民法院以再审裁定的形式确立了《反不正当竞争法》第2条一般条款的地位，并明确了独立适用第2条的严格条件。该案中，被告马达庆在离职前出资设立新公司，离职后利用其在原单位多年积累的知识技能与工作经验，帮助新公司获取原本属于原单位的对日出口海带的配额，但并未违反竞业禁止义务也未侵犯商业秘密，双方就被告的行为是否构成不正当竞争行为产生了争议。最高人民法院认为，"适用反不正当竞争法第二条第一款和第二款认定构成不正当竞争应当同时具备以下条件：一是法律对该种竞争行为未作出特别规定；二是其他经营者的合法权益确因该竞争行为而受到了实际损害；三是该种竞争行为因确属违反诚实信用原则和公认的商业道德而具有不

---

[1] 参见最高人民法院（2009）民申字第1065号民事裁定书。

正当性或者说可责性，这也是问题的关键和判断的重点。"职工在工作中掌握和积累的知识、经验和技能，除属于单位商业秘密的情形外，构成其人格的组成部分，职工离职后有自主利用的自由。在既没有违反竞业限制义务，又没有侵犯商业秘密的情况下，劳动者运用自己在原用人单位学习的知识、经验与技能为其他与原单位存在竞争关系的单位服务的，不宜简单地以《反不正当竞争法》第2条的原则规定认定构成不正当竞争。

　　此案中，最高人民法院确立了独立适用《反不正当竞争法》第2条的三个具体条件：第一，法律对此种竞争行为未作出特别规定；第二，其他经营者的合法权益确因该竞争行为而受到了实际损害；第三，此种竞争行为因确属违反诚实信用原则和公认的商业道德而具有不正当性或者说可责性。具体而言，在知识产权法中没有明文规定的情况下，适用《反不正当竞争法》第2条一般条款进行规制的前提是，竞争者通过其"竞争行为"侵害了经营者的"合法权益"。此处的问题在于，如何认定对"合法利益"的何种侵害行为违反了"诚信原则"及"商业道德"，并构成"不正当竞争"。竞争行为必然性地会给他人的经营带来一定的不利影响，而凭借"诚信原则"及"商业道德"的抽象要件，实际上很难确定什么类型的行为应属于"不正当竞争"。例如，在具有竞争性的公司新开业的影响下，其他公司产生了经营困难，但公司新开业的行为本身并不会因此成为"不正当竞争"。鉴于此，在考虑何种"合法权益"被侵害时，相关的侵权行为应当被视为"不正当竞争"予以规范这一问题时，有必要跳出"诚信原则"及"商业道德"的循环论法，寻找更为具体的论据。[1]

---

[1]　例如，可以在确认是否存在以下具体情况后，再对争议行为是否构成不正当竞争行为进行判断：不法占据公司工厂并妨害其经营的行为（营业自由及所有权的侵害）、信用损毁行为（不当地刺激需求）、以垄断地区市场为目的的折价销售的行为（减少竞争）、商业秘密的不当使用行为（盗用成果）、违反竞业禁止义务开业的行为等。

2. 扣扣保镖案

在"扣扣保镖案"中[1]，最高人民法院独立适用《反不正当竞争法》第2条认定被告屏蔽QQ软件广告的行为构成不正当竞争。在该案中，被告以对原告QQ软件的安全升级为名提示用户下载扣扣保镖，下载之后扣扣保镖即对原告QQ软件进行自动扫描并显示系统安全系数很低甚至为零，当用户按照扣扣保镖的提示进行相关的操作，将会导致原告QQ软件的功能键全部或者部分无法使用，双方就被告行为是否使原告丧失增值业务的交易机会和广告收入从而构成不正当竞争行为产生了争议。最高人民法院认为，"被上诉人为谋取市场利益，通过开发QQ软件，以该软件为核心搭建一个综合性互联网业务平台，并提供免费的即时通讯服务，吸引相关消费者体验、使用其增值业务，同时亦以该平台为媒介吸引相关广告商投放广告，以此创造商业机会并取得相关广告收入。""上诉人专门针对QQ软件开发、经营扣扣保镖，以帮助、诱导等方式破坏QQ软件及其服务的安全性、完整性，减少了被上诉人的经济收益和增值服务交易机会，干扰了被上诉人的正当经营活动，损害了被上诉人的合法权益，违反了诚实信用原则和公认的商业道德，一审判决认定其构成不正当竞争行为并无不当。"

对于"扣扣保镖案"，有学者认为，"最高人民法院在终审判决中突破了其通过海带配额案所确立的第2条独立适用的三条件，并没有认定是否存在现有权益的损害，而是通过第2条创设了'正当商业模式'这一权益，然后基于该权益被侵害而认定行为之不当"[2]。但是，与韩国的"网络广告案"类似，实际上，该案的判决重心在于对服务提供商的广告机制的保护。即，原告通过开发QQ软件，以该软件为核心搭建一个综合性互联网业务平台，并提

---

[1]　参见最高人民法院（2013）民三终字第5号民事判决书。

[2]　吴峻：《反不正当竞争法一般条款的司法适用模式》，《法学研究》2016年第2期，第141页。

供免费的即时通讯服务。同时，原告主要通过"增值业务的交易机会"和"广告收入"回收巨额的投入资本。原被告之间存在着竞争关系，如果容许被告对原告的信誉及顾客吸引力搭便车，将原告软件的部分功能屏蔽等行为，这无疑将会对提供免费即时通讯服务的激励因素造成过度的损害。而且，对综合性互联网业务平台的构建起到激励作用的"广告营业利益"并不属于知识产权法所保护的对象利益。考虑到原告 QQ 软件所提供的免费即时通讯服务符合消费者需求及社会利益，以此价值判断为前提，应当认定被告的上述行为妨害了面向免费通讯服务用户进行的广告活动，构成了违反"诚信原则"及"商业道德"的不正当竞争行为。

3. 百度插标案

在"百度插标案"中[1]，北京市高级人民法院和最高人民法院基于《反不正当竞争法》第 2 条确立了"非公益必要不干扰原则"。该案中，被告在其网址导航网站网页上嵌入百度搜索框，改变了百度网在其搜索框上向用户提供的下拉提示词，引导用户访问本不在相关关键字搜索结果中靠前位置的甚至与用户搜索目的完全不同的由被告公司经营的影视、游戏等页面，以获得更多的用户访问量，并且被告在网络用户仅设置搜索方向并未输入相关关键词的时候也进入奇虎公司的相关网页，首先，双方就被告的插标行为和修改搜索框提示词的行为是否构成不正当竞争行为产生了争议。最高人民法院首先对北京市高级人民法院所确立的"非公益必要不干扰原则"进行了阐述："网络服务提供者在特定情况下可以不经网络用户知情并主动选择以及其他互联网产品和服务提供者同意，干扰他人互联网产品或服务的运行，但必须限于保护网络用户等社会公共利益的需要，并且应当确保干扰手段的必要性和合理性，即'非公益必要不干扰原则'。"其次，关

_____
〔1〕 参见北京市高级人民法院（2013）高民终字第 2352 号民事判决书；最高人民法院（2014）民申字第 873 号民事裁定书。

于被告在百度搜索引擎部分搜索结果中添加警示图标的行为，被告"并未证明该行为的必要性和合理性，不能因为该行为具有一定的公益性而反推'不允许该行为就有害于公共利益'的结论。"最后，关于在网址导航站的百度搜索框中设置直接指向被告相关网页内容的下拉提示词等行为，被告的行为"干扰了百度网站正常的搜索服务以及用户对百度搜索结果的正常使用，有可能引导用户访问与其搜索目的无关的网站，而且该行为不出于任何公共利益的需要，仅仅是为奇虎公司网站获取更多用户访问量的手段，超出了正当的商业竞争的限度"。因此，被告的行为构成不正当竞争。

在"百度插标案"中，北京市高级人民法院所提出的"非公益必要不干扰原则"，对于确立《反不正当竞争法》一般条款的适用模式是一次有意义的尝试。但是该原则缺乏适用《反不正当竞争法》第2条所必要的逻辑前提，即法院并没有深入论述被告的插标行为和修改搜索提示词行为损害了原告的何种"合法权益"。[1]如前所述，百度（Baidu）、雅虎（Yahoo!）、谷歌（Google）及世联（Naver）等服务提供商主要通过广告收入的形式对其投下的巨额资金进行回收，并在此基础上花费大量费用构建起其门户网站。如此一来，除非其"广告营业利益"因竞争者的不正当竞争行为受到侵害，构建门户网站所必需的激励可以说是并未受损的。因此，对于被告的竞争行为是否违反了"诚信原则"与"商业道德"并构成"不正当竞争行为"这一问题，应当在充分考虑"对构建门户网站起到必要激励作用的广告营业利益"及被告的"插标行为和修改搜索提示词行为"之间的因果关系后，再作出具体判断。在此问题未被明确之前，认定被告行为构成不正当竞争的法院判决缺乏说服力。

---

[1] 参见吴峻：《反不正当竞争法一般条款的司法适用模式》，《法学研究》2016年第2期，第149页。

（二）"合法权益"的解释

如前所述，当知识产权法没有作出明文规定时，适用《反不正当竞争法》第2条的前提是竞争者通过其"竞争行为"侵害了经营者的"合法权益"。对于该条款中"合法权益"的理解，笔者认为其内容与《民法典》侵权责任编第1165条所指的"民事权益"有所不同，此处的"合法权益"应结合知识产权法的制度宗旨对其含义进行理解。换言之，《反不正当竞争法》第2条中的"合法权益"应解释为"与知识产权法所规范的对象利益具有不同旨趣的合法权益"。

针对"与知识产权法所规范的对象利益具有不同旨趣的合法权益"这一要件的意义，"朝鲜电影案"的调查官作了如下说明。他提到，"特别法在决定何种行为构成侵权行为时，需要在特别法的规范对象的范围内，就具有利害关系的当事人的权利及利益、公共利益等进行综合考虑后，再判断哪些行为类型可以构成侵权行为。在这个过程中，侵权行为的类型被最终选择及决定，并不存在规范的欠缺。因此，通过选择矛盾的一般侵权行为法进行补充保护，原则上是不应被认可的。但是，若存在其他方面法益，乃至产生了预想之外的事态且确实存在规范的欠缺时，可以例外地承认一般侵权行为法的补充保护。"[1]

诚然，个别知识产权法为了保护特定的法益，以民主的方式决定了何种行为应属于违法行为，而如果出于保护同样法益的目的，将知识产权法没有规范的行为也认定为违法行为，这显然超出了法院的职权范围。鉴于此，现行知识产权法中没有明文规定的情况下，原则上法院应该尊重个别知识产权法的立法决定，并尽量避免对《反不正当竞争法》一般条款的过度适用。但是，如果问题的竞争行为可以基于现存的知识产权法之外的目的进行规

---

[1]　山田真紀「北朝鮮著作権事件」Law & Technology56号（2012年）86頁。

范，而且法律对该行为是否构成不正当竞争也未作出民主决定，那么对于该竞争行为，则没有必要过于限制法院在此问题上的自由裁量权，可以例外地肯定不正当竞争的成立。

五、知识产权与不正当竞争

在探究著作权法中没有明文规定的情况下，是否可以适用《反不正当竞争法》一般条款这一问题时，有必要探讨知识产权该种权利被认可的理论依据。

（一）知识产权法的制度宗旨

1.知识产权的本质特征

知识产权区别于所有权的本质特征是其权利客体的非物质性[1]，而权利客体的非物质性主要体现为如下两个方面：

首先，知识产权客体的非物质性表现为消费的非竞争性（non-rivalrous）。[2] 权利客体具有非竞争性是指只要不存在排他性权利，多数人可以在不同地点同时进行消费。也就是说，如果知识产权客体不被赋予法律保护，则该客体即可作为公有财产被任何人自由利用。这就意味着，知识产权的本质是通过法律对自由人的行为模式从物理上进行人为制约的一种特权（privilege）。[3]

其次，知识产权客体的非物质性表现为界限的模糊性（ambiguity）。[4] 所有权以对特定有体物实施物理性接触的利用行为作为其权利内容，因此所有权对他人行为进行广泛制约的情形

---

〔1〕 参见吴汉东：《关于知识产权本体、主体与客体的重新认识：以财产所有权为比较研究对象》，《法学评论》2000年第5期，第3-13页。

〔2〕 山根崇邦「知的財産権の正当化根拠論の現代的意義（1）」知的財産法政策学研究28号（2010年）214頁参照。

〔3〕 田村善之「知的財産法政策学の試み」知的財産法政策学研究20号（2008年）3頁参照。

〔4〕 See Peter Drahos, *A Philosophy of Intellectual Property*, Dartmouth Publishing Company Limited, 1996, pp. 155-156.

会受到限制，该权利也不会无限扩大。但是知识产权则因其客体界限的不明确性，针对权利扩大的问题，通过物理上的禁止无法达到相应效果。其结果是知识产权在权利的设定方式上没有限定，能够人为创设广泛制约他人行为的权利。[1] 而由于知识产权能在国际范围内对他人的行为进行制约，其理论上甚至具有超越国界无限制扩大的可能性。[2]

2. 知识产权的内在制约

为何国家将具有公有财产性质的智力成果作为私有财产进行保护，对设定权利对人的自由利用行为进行制约，并人为制造稀有状态？对于知识产权为何会被认可，即知识产权的正当性，存在两种理论。一种是着眼于个人权利的自然权论，另一种是着眼于通过赋予权利给整体社会带来利益的激励理论。前一种理论认为，人对于自己创作的智力成果当然地享有权利，而后一种理论则认为知识产权是为了对发明或作品的创作普及进行适当激励，并在一定程度上防止搭便车行为而设定的政策性权利。[3] 笔者认为，从与"公共利益"要件的关系来考虑的话，应该采用后者的激励理论。

以著作权法为例，我国的《著作权法》第 1 条规定："为保护文学、艺术和科学作品作者的著作权，以及与著作权有关的权益，鼓励有益于社会主义精神文明、物质文明建设的作品的创作和传播，促进社会主义文化和科学事业的发展与繁荣，根据宪法制定本法。"[4] 即以促进文化、科学事业的发展与繁荣为立法目的，同

---

〔1〕 山根崇邦「情報の不法行為を通じた保護」吉田克己＝片山直也主編『財の多様化と民法学』（商事法務，2014 年）359-361 頁参照。

〔2〕 田村善之「未保護の知的創作物という発想の陥穽について」著作権研究 36 号（2010 年）5 頁参照。

〔3〕 森村進『財産権の理論』（弘文堂，1995 年）168-171 頁参照。

〔4〕 我国《宪法》第 47 条规定："中华人民共和国公民有进行科学研究、文学艺术创作和其他文化活动的自由。国家对于从事教育、科学、技术、文学、艺术和其他文化事业的公民的有益于人民的创造性工作，给以鼓励和帮助。"

时为了调整权利人与利用者的平衡关系，国家制定了著作权法并将其作为社会生活中的一种规则。确立著作权法的相关规则，不仅有利于"文化"及"科学事业"等社会整体利益的发展，也赋予了人们可享受公共幸福的机会。从这一角度出发，著作权是为了让公民享受科学文化事业的发展成果（即，公共幸福）而创设的政策性权利。此种权利并不是为了保障个人自律的人权，而应该理解为在符合"公共利益"的限度内受到保护的政策性权利。

所以，在考虑知识产权法的制度宗旨时，有必要注意知识产权的内在制约，即法院等国家机关对知识产权相关权利人与利用者的均衡关系进行调整时，该调整行为是否符合"公共利益"这一要件。

3. 知识产权的外在制约

即使在法院等国家机关的行为符合"公共利益"这一要件的情况下，知识产权仍可能存在自由领域的确保问题、政策形成过程中的偏向问题、技术判断的适格问题、政治责任问题等外在制约。

首先，知识产权是对自由人的行为模式从物理上进行人为制约的排他权，故对他人行为自由进行制约的程度较高。因此，有必要采取一定措施以防止知识产权对他人行为自由的过度干涉。在此种情况下，在就何种限度内权利人的利益应予优先，何种限度内应确保利用者行为自由的问题进行讨论时，应当在给予创作者激励与确保他人行为自由这两种价值之间寻找平衡点。[1]

其次，知识产权即便是达成了民主的决定，这也并不意味着其全部都已正当化。因为在知识产权法的立法过程中，相比起普遍广泛但难于组织化的多数人利益，集中且易于被组织化的少数人利益更容易被反映出来，这就是其局限性所在。[2]当然，集中

---

〔1〕 田村善之『市場・自由・知的財産』（有斐閣，2003 年）110-124 頁参照。
〔2〕 田村善之『知的財産法』（有斐閣，2010 年）10 頁参照。

于少数人的利益如果十分庞大，其总量大于广泛普遍的多数人利益的总量时，从"公共利益"的观点来看对其进行保护可以说是具有正当性的。但是，从社会全体角度来看，集中于少数人的利益通常并非如此庞大，况且即使扩散于多数人的利益总量更大，在政策形成的过程中往往存在优先少数派利益的倾向。在此情况下，"公共利益"有所偏离，知识产权的正当化理由不能从"公共利益"的观点上得到支持。[1]

（二）司法和立法的职责分立

以知识产权的内在制约和外在制约为前提来考虑的话，《反不正当竞争法》第2条的解释问题就不再单纯是该法范围内一般条款的解释问题了。在知识产权法对某种利用行为没有明文规定的情况下，也依然适用《反不正当竞争法》一般条款来判定构成不正当竞争，意味着法院创设了目前知识产权法并不认同的新的知识产"权"。虽然将其归类于标准型规范的解释问题也并非不可能，但是创设新的知识产"权"的任务到底应该交由立法程序来实现，还是交给司法机关来自由裁量，对于该问题的解答还需要慎重的考虑和探讨。

1.二元解释论的导入

日本学者田村善之认为，关于知识产权法和日本《民法典》第709条的关系，应该从立法和司法之间职责分立的角度去理解，"对于容易组织化的群体，即使其利益保护存在不足，迟早也会通过政策形成的途径被纳入保护范围。因此，考虑到技术判断的适格问题和政治责任问题，对于知识产权的权利创设，原则上理应委任给立法或是以放任自由的形式交给市场来解决，而对于以司法途径创设权利这一问题应谨慎对待。"但是，"也存在例外的情

---

〔1〕 丁文杰「知的財産権・不法行為・自由領域——日韓両国における規範的解釈の試み」AIPPI61巻5号（2016年）11頁参照。

况，即，若对于某种搭便车行为放置不管，将会明显影响激励，进而使得成果开发的投资减少时，并且法院能够很明确地对社会所需的成果供给存在不足的事实作出判断的情况下，则应该允许司法的介入。"[1]

也就是说，知识产权法中没有明文规定的情况下，法院应尽量避免对一般条款的过度适用，其理由归根结底还是受限于自由领域的确保、政策形成过程中的利益偏向问题、技术判断的适格问题以及政治责任问题等知识产权的外在制约。但是，如果对某种搭便车行为放置不管，将会明显影响激励，进而使得成果开发的投资减少时，并且法院能够很明确地对社会所需的成果供给存在不足的事实作出判断的情况下，则应该允许司法的介入，而这一价值判断应以符合"公共利益"为前提，且受限于知识产权的内在制约。

2. 不正当竞争行为的"类型化"

我国有学者认为，以激励理论为基础，可以进一步将《反不正当竞争法》第2条适用范围内的不正当竞争行为进行"类型化"。即"通过将不正当竞争行为的个案进行整理归类，确立不同的案件类型，并为每一个类型设立构成要件和法律后果，以此为新案件的裁判提供指引，从而最大限度地保证反不正当竞争法一般条款具体化的客观性和正确性"[2]。

但是，从司法和立法之间职责分立的观点来看，不正当竞争行为的"类型化"任务是否应当交给司法，这一问题还值得商榷。其理由在于，虽然法院能够在个案中将激励机制的保护作为判断是否构成不正当竞争的依据，但考虑到法院在个案当中从大局观

---

[1] 田村善之「知的財産権と不法行為——プロセス志向の知的財産法政策学の一様相」田村善之编：『新世代知的財産法政策学の創生』（有斐閣，2008年）42-43頁。

[2] 卢纯昕：《反不正当竞争法一般条款在知识产权保护中的适用定位》，《知识产权》2017年第1期，第59页。

出发对政策作出判断绝非易事，并且法官也不会直接参与知识产权法的立法过程。因此，将不正当竞争行为"类型化"的具体工作交给立法者或学者来完成应更为妥当。[1]与此同时，在法院不难判断若不规制某种搭便车行为，将会明显影响成果开发所需激励的情况下，并不需要等待立法的决定，而应当期待法院的快速对应。而此类案例的积累，将会为以后的立法过程提供重要的参考资料。

六、结　语

《反不正当竞争法》第2条的解释问题，并不仅涉及如何对具体条文作出解释，更关系到立法（个别领域的知识产权法，如《著作权法》，《专利法》等）和司法（对《反不正当竞争法》第2条之解释）之间的职责分立。并且，从司法和立法之间职责分立的角度来看，即使法院在知识产权法所承认的范围之外创设知识产"权"的行为能够被认可，就结果而言，仍需考虑知识产权所固有的内在制约和外在制约。知识产权法中没有明文规定的情况下，法院应尽量避免对一般条款的过度适用，其理由归根结底还是受限于自由领域的确保、政策形成过程中的利益偏向问题、技术判断的适格问题以及政治责任问题等知识产权的外在制约。但如果对某种搭便车行为放任不管，将会明显影响激励，进而使得成果开发的投资减少时，并且法院能够很明确地对社会所需的成果供给存在不足的事实作出判断的情况下，应该允许司法的介入。而这一价值判断应以符合"公共利益"为前提，且受限于知识产权的内在制约。

---

〔1〕　丁文杰「知的財産権・不法行為・自由領域——日韓両国における規範的解釈の試み」AIPPI61卷5号（2016年）17頁参照。

第五章
涉外著作权纠纷的解决途径

一、问题的提出

近年来，在东亚地区围绕未经许可利用作品的涉外著作权纠纷频繁发生。例如，日本某新闻节目在未经许可的情况下播放了朝鲜电影的片段[1]；还有韩国的出版社出版了朝鲜作者的小说[2]，类似的诸多事例衍生了各种各样的法律问题。此外，随着朝鲜加入《伯尔尼公约》等事件的发生，围绕朝鲜的作品能否受到日本《著作权法》保护的问题，曾在日本学界引发热烈争论。[3]尽管这是东亚地区普遍存在的问题，但是从比较法的视角来看，该问题

---

[1] 東京地方裁判所 2007 年 12 月 14 日判决，平成 18 年（ワ）5640 号；知的財産高等裁判所 2008 年 12 月 24 日判决，平成 20 年（ネ）10012 号。

[2] 서울민사법원 1989.7.26. 자 89 카 13692 결정 .

[3] 相关日文文献如下：茶園成樹「北朝鮮の著作物について我が国が保護する義務を負わないと判断された事例」知財管理 58 巻 8 号（2008 年）1099-1103 頁；横溝大「未承認国家の著作物とベルヌ条約上の保護義務—北朝鮮著作物事件—」知的財産法政策学研究 21 号（2008 年）263-277 頁；猪瀬貴道「ベルヌ条約上の日本と北朝鮮との間の権利義務関係が否定された事例」ジュリスト 1366 号（2008 年）172-175 頁；江藤淳一「北朝鮮の著作物にベルヌ条約が及ばないとされた事例」法セ増刊速報判例解説 2 号（2008 年）251-254 頁；上野達弘「未承認国の著作物と不法行為—北朝鮮事件—」Law & Technology45 号（2009 年）60-71 頁；西口博之「未承認国家の著作権の保護—北朝鮮映画判決を読んで—」コピライト 576 号（2009 年）65-69 頁；丁文杰「未承認国の著作物の保護範囲（1）—北朝鮮映画放送事件—」知的財産法政策学研究 41 号（2013 年）325-357 頁等。

尚未得到充分的讨论。[1]尤其是在我国学界尚无任何正面讨论该问题的文献。[2]

基于上述研究现状，本章希望通过分析以下三个问题推进相关讨论：其一，国家承认的有无对准据法的选择有何影响（国际私法的视角）；其二，依据冲突规范选定的实体法，如何影响对未承认国家（或地区）作品的法律保护（实体法的视角）；其三，若未承认国家（或地区）事后加入《伯尔尼公约》等多边国际条约，是否必须依据该条约对未承认国家（或地区）的作品给予法律保护（国际条约的视角）。

二、国际私法的途径

为了研究国际私法视角下涉外著作权纠纷问题，有必要先考察地域性原则（the principle of territoriality）这一选择准据法的出发点。

（一）地域性原则的依据

尽管地域性原则这一术语在涉外著作权纠纷案件中出现得极为频繁，但是围绕地域性原则的依据展开的诸多讨论却始终未达成共识。

就著作权而言，有学者认为地域性原则的依据是《伯尔尼公约》第 5 条第 1 款规定的国民待遇原则。[3]然而即使采用地域性

---

〔1〕 从比较法的视角出发，介绍日本和韩国的判例的文献，張睿暎「未承認国の著作物と不法行為—北朝鮮映画放映事件—」著作権研究 36 号（2009 年）187 頁参照。

〔2〕 有关中国大陆与港澳地区之间的法律适用问题，参见杨德明：《中国内地与港澳特别行政区知识产权法律冲突及其解决途径》，《知识产权》2004 年第 6 期，第 45-47 页；周军：《CEPA 框架下内地与港澳地区知识产权法律冲突及解决》，《电子知识产权》2009 年第 9 期。

〔3〕 参见 [奥] 山姆·里基森、[美] 简·金斯伯格：《国际版权与邻接权：伯尔尼公约及公约以外的新发展》(第 2 版)，郭寿康等译，中国人民大学出版社 2016 年版，第 1149 页。

之外的原则，依然可以得出本国人和外国人享受同等待遇的结论。因此，姑且不论历史上的立法始末，理论上很难直接从国民待遇中推导出地域性原则。[1]

著作权领域之所以采用地域性原则，主要是基于以下利益衡量的考虑。在判断发生于某地的作品利用行为是否构成著作权侵权时，如果适用统治当地的国家以外的法律，法律关系将变得错综复杂。因此，为了保障使用者的预测可能性，作品的利用行为是否构成侵权的问题，应当依据统治当地国家的法律来判断，而这也即地域性原则的理论意涵。[2]换言之，就著作权而言，地域性原则是指，发生于我国的作品利用行为是否侵犯著作权依据我国《著作权法》来判断，而发生于日本的作品利用行为则依据日本《著作权法》来判断。

值得注意的是，在著作权领域中，地域性原则的依据应当认定为《伯尔尼公约》第5条第2款。[3]《伯尔尼公约》第5条第2款后段规定，"除本公约条款外，保护的程度以及为保护作者权利而向其提供的补救方法完全由被要求给以保护的国家的法律规定"，这确立了著作权的权利行使应当依据"被要求给以保护的国家的法律（即保护国法）"确定的冲突规范。

在与朝鲜作品相关的讨论中，日本"朝鲜电影案"二审判决[4]的立场显得尤为重要。此案中，原告依据日本《著作权法》，就被告在新闻节目中擅自使用朝鲜电影一事向法院提起诉讼，请求停止侵害和损害赔偿。日本知识产权高等法院认为，《伯尔尼公约》第5条第2款后段确立了分析"著作权的保护程度以及为保

〔1〕 木棚照一「パリ条約と工業所有権に関する国際私法上の原則」同『国際工業所有権法の研究』（日本評論社，1989年）87頁参照。

〔2〕 田村善之『著作権法概説（第2版）』（有斐閣，2001年）560頁参照。

〔3〕 道垣内正人「著作権をめぐる準拠法及び国際裁判管轄」コピライト472号（2000年）14頁参照。

〔4〕 知的財産高等裁判所2008年12月24日判決，平成20年（ネ）第10012号。

护作者权利而向其提供的补救方法"的基础法律关系时，应当依据"被要求给以保护的国家的法律规定"这一确定准据法的冲突规范。由于著作权的停止侵害可以被视为"为保护作者权利而向其提供的补救方法"，在讨论基于著作权提起的停止侵害之诉时，应当依据《伯尔尼公约》第 5 条第 2 款，将被要求给以保护的国家的法律，也就是该国的著作权法作为准据法。知识产权高等法院进一步指出，截至 2008 年 10 月，世界上已有 163 个国家加入了《伯尔尼公约》，日本同多数成员国之间的著作权停止侵害的诉讼均适用该公约第 5 条第 2 款规定的冲突规范，且该冲突规范已经成为在世界上多数成员国间适用的国际私法规则，此外从著作权的地域性属性来看，将被要求给以保护的国家的法律作为准据法也是合理的。基于上述因素的考虑，对于不受《伯尔尼公约》保护的作品（如，朝鲜作品），适用或者类推适用上述冲突规范，将被要求给以保护的国家的法律作为准据法的做法是妥当的。

　　本案将《伯尔尼公约》第 5 条第 2 款后段视为冲突规范，在确定著作权侵权的准据法时，不考虑国家承认的有无，仅依据该条款规定的"保护国法"为连结点（points de rattachement）确定应当适用的法律。[1] 反对此观点的学者认为，《伯尔尼公约》第 5 条第 2 款并未遵循任何与确定具体准据法的逻辑进路相关的规则，难以将其视为不言自明的冲突规范。[2] 持此论者的具体论点主要是缔约国之间难以就该条款达成统一的解释。[3] 然而，即使《伯

---

〔1〕　有观点指出，日本在对待朝鲜作品的保护问题时，将《伯尔尼公约》第 5 条第 2 款解释为冲突法规则的做法是有局限性的。野村美明「日本の知的財産権判例における保護国法の意義」木棚照一編著『知的財産の国際私法原則研究—東アジアからの日韓共同提案—』（成文堂，2012 年）437 頁参照。

〔2〕　木棚照一「知的財産の統一と国際私法」国際私法年報 3 号（2001 年）188-189 頁参照；石黒一憲『国境を超える知的財産』（信山社，2005 年）191 頁参照。

〔3〕　金彦叔「知的財産権の国際的保護と法の抵触（二）」法学協会雑誌 126 巻 9 号（2009 年）204-205 頁参照。

尔尼公约》第 5 条第 2 款后段中"被要求给以保护的国家"的措辞没有形成统一的解释，也不能就此否认《伯尔尼公约》第 5 条第 2 款的法律性质。本章认为，该《公约》第 5 条第 2 款后段是不言自明的冲突法性质的规范，只是目前对于其采用的"保护国法"的措辞的含义尚未形成统一的解释而已。[1]

（二）"保护国法"的含义

若著作权侵权的准据法的依据是《伯尔尼公约》第 5 条第 2 款后段，则有必要厘清该条款中"被要求给以保护的国家的法律"，也即"保护国法"的含义。

截至今日，"保护国法"的措辞并非在国家层面上得到统一的解释，即使是同一国家的不同学者，也对其作出不同的解释。然而，如前所述，为了保障利用者的预测可能性，作品的利用行为是否构成侵权的问题应当依据统治当地的国家的法律来判断，而这也即地域性原则的理论意涵。为此，《伯尔尼公约》第 5 条第 2 款后段的"保护国法"应当被解释为被要求就作品的利用行为给予保护的国家（或地区）的法律，即侵权行为地法。如此一来，该条款就应当被理解为确立了适用作品利用地之国家（或地区）法律的规则。[2]

与此相对，有学者认为，《伯尔尼公约》第 5 条第 2 款的"保护国法"是指法院地法，该条款应当解释为将法院地法作为准据法。[3]例如，本永和彦认为，《伯尔尼条约》第 5 条第 2 款中规定的"被要求给以保护的国家"是指法院地，且法院地的法律包括

---

[1] 嶋拓哉「日本における中国著作権侵害に関する準拠法について—テレビドラマ『苦菜花』事件—」知的財産法政策学研究 31 号（2010 年）294 頁参照。

[2] 田村善之『著作権法概説（第 2 版）』（有斐閣，2001 年）560 頁参照。

[3] 适用法院地法可能导致适用于该诉求的法律与侵权行为地适用的法律脱节，这意味着作者不能获得与侵权行为发生国的作者获得同等水平的保护。参见［奥］山姆·里基森、［美］简·金斯伯格：《国际版权与邻接权：伯尔尼公约及公约以外的新发展》（第 2 版），郭寿康等译，中国人民大学出版社 2016 年版，第 1150 页。

该国的国际私法。[1] 换言之，《伯尔尼公约》对于冲突法的问题不持任何立场，应当依据法院地的国际私法（例如，我国《涉外民事关系法律适用法》第 50 条；日本《法律适用通则法》第 17 条）确定著作权保护和救济的准据法。[2] 然而，既然《伯尔尼公约》以地域性原则为前提，就应当在遵循该条约的硬性要求的基础上选择准据法。从条约解释的视角来看，在讨论各国的冲突法能否适用之前，首先应当讨论《伯尔尼公约》第 5 条第 2 款后段能否作为冲突规范发挥作用更加妥当。[3]

三、实体法的途径

在依据《伯尔尼公约》第 5 条第 2 款的"保护国法"为连结点确定准据法的情况下，紧接着必须解决的问题是，依据冲突规范选定的实体法是否明确规定对未承认国家的作品给予法律保护。

（一）实体法规定互惠原则的情形

《伯尔尼公约》在某些情形中作为国民待遇原则的例外采用互惠原则。[4] 例如，依据《伯尔尼公约》第 7 条第 8 款，作品的保护期限可以依据比保护国法期限更短的本国法来确定；另外，依据该《公约》第 14 条之 3 第 2 款、第 2 条第 7 款，追续权（droit de suit）和实用艺术作品也可以采用互惠原则。因此，假设依据冲突规范选定的国家（或地区）的实体法，不考虑国家承认的有无而

---

〔1〕　本永和彦「著作権の国際的な保護と国際私法」ジュリスト 938 号（1989 年）58 頁参照。

〔2〕　駒田泰土「著作権をめぐる国際裁判管轄及び準拠法について」国際私法年報 6 号（2004 年）71-72 頁を参照。

〔3〕　嶋拓哉「日本における中国著作権侵害に関する準拠法について―テレビドラマ『苦菜花』事件―」知的財産法政策学研究 31 号（2010 年）295 頁参照。

〔4〕　[奥]山姆·里基森、[美]简·金斯伯格：《国际版权与邻接权：伯尔尼公约及公约以外的新发展》（第 2 版），郭寿康等译，中国人民大学出版社 2016 年版，第 1150页。该文献认为，互惠原则是一种已基本被公约摒弃的原则。

规定了互惠原则，则未承认国家的作品仍然可以受到保护。

在日本的审判实务中，虽然从严格意义上来讲不属于涉外著作权纠纷案件，但存在着眼于被选定的实体法采用互惠原则的案例。具有典型意义的是"东德商标案"。[1]此案的争议焦点是，当时日本未承认其为国家的德意志民主共和国（简称"东德"）的法人是否具有请求宣告商标无效的资格。东京高等法院从日本旧《商标法》第 24 条（1921 年法律第 99 号）所准用的日本旧《专利法》第 32 条（1921 年法律第 96 号）的立法宗旨出发展开分析：日本旧《专利法》第 32 条的立法宗旨是，关于专利权以及与专利相关的权利的享有，对日本国民给予与本国国民相同的法律地位的其他国家的国民，从国际互惠的角度出发，即使在日本，也赋予其同日本国民一样的法律地位，但是本条所指"国家"不应理解为仅仅指经由日本外交承认的国家。某个国家在外交上是否被承认为国家仅仅是一个外交政策上的问题，当这个国家具备了成为一个国家的实质性要件，即拥有一定的领土、国民和支配其领土、国民的永久且自立的政治组织时，并且形成了足以保障日本国民享有专利权及与专利相关权利的法秩序的情况下，承认此国家国民也享有专利权及与专利相关权利，既符合规定互惠原则的日本旧《专利法》第 32 条之旨趣，也符合《巴黎公约》所规定的平等原则。据此，东京高等法院承认了对东德的法人适用互惠原则。

此案是涉及请求人资格认定的案件，由于日本旧《商标法》第 24 条乃至日本旧《专利法》第 32 条规定了互惠原则，从而明确了东德法人也可以成为专利权及与专利有关的权利主体，而并没有认为国家承认与专利权及与专利有关的权利的享有一律没有关系。换言之，正是因为所选定的准据法承认互惠原则，所以没

[1]　東京高等裁判所 1973 年 6 月 5 日判決，無体財産権関係民事・行政裁判例集 5 巻 1 号 197 頁；最高裁判所 1977 年 2 月 14 日判決，判例時報 841 号 26 頁。

有必要讨论其与国家承认之间的关系。

　　但值得注意的是，东亚地区的著作权法并未规定互惠原则。例如，享有日本《著作权法》保护的作品限于日本国民创作的作品（日本《著作权法》第6条1款），或者在日本国内首次出版的作品（同法第6条第2款），或者根据条约日本负有保护义务的作品（同法第6条第3款），从这些条文也可以看出日本《著作权法》没有采用互惠原则。从立法背景来看，曾在日本著作权制度审议会报告中，有意见认为：只要在某个国家日本国民的作品受到一定的保护，那么即使这个国家与日本没有条约关系，其国民的作品在日本国内也应受到与日本国民在这个国家所受保护同等的保护。但是审议会以必须慎重考虑互惠原则所带来的不利影响为理由，该意见最终未被采纳。[1]

　　（二）依据实体法的解释单方面给予保护的情形

　　东亚地区的著作权法的特征是，给予著作权保护的作品仅限于本国国民创作的作品，或首次在本国出版的作品[2]，或依据国际条约负有保护义务的作品。[3] 因此，一般而言，如果某个国家没有加入《伯尔尼公约》、《与贸易有关的知识产权协定》（以下简称"TRIPS协定"）等多边国际条约，并且著作权法里没有规定互惠原则的话，就无须对该国作品承担保护义务。例如，在朝鲜于2003年加入《伯尔尼公约》之前，无论朝鲜是否获得国家承认，朝鲜国民的作品都无法获得我国《著作权法》的保护。

　　与此相对，韩国将朝鲜视为非法占据韩国领土的反国家团体，不承认其为国家。但是在韩国的司法实践中，在朝鲜加入《伯尔尼公约》之前，韩国法院曾依据韩国《宪法》上领土条款的解释，

---

〔1〕　国立国会図書館調査立法考査局『著作権改正の諸問題』（1970年）239-240頁参照。

〔2〕　例如，我国《著作权法》第2条第1款；日本《著作权法》第6条第1款。

〔3〕　例如，我国《著作权法》第2条第2款；日本《著作权法》第6条第2款。

单方面地保护朝鲜的作品。具有典型意义的是"豆满江案"。[1]此案中，韩国出版社在韩国本土出版了从日本取得的朝鲜作者小说后，该朝鲜作者在韩国的继承人依据韩国《著作权法》诉请停止侵害。韩国法院认为，由于韩国《宪法》第3条规定韩国的领土是朝鲜半岛及其附属岛屿[2]，朝鲜也作为韩国领土纳入韩国的主权范围，同韩国的主权冲突的任何主权政治都不应得到法理上的承认。因此，韩国的著作权法、民法等法律的效力当然地及于朝鲜。[3]只要没有修改韩国《宪法》第3条，或者南北之间没有相互作出国家承认，或者不存在相互承认法律体制的宪法效力的条约，就不能将朝鲜视为主权之外的地区，或者法律适用的例外地区。

韩国和朝鲜于1991年12月31日签订了《关于南北和解、互不侵犯和合作交流协议书》（以下简称《南北基本协议书》）。[4]同时，为履行《南北基本协议书》的附属协议书第9条第5款规定，"南北双方在合意的基础上为对方各种作品的权利保护采取措施"，这被解读为南北著作权保护的详细内容（如范围、保护期间、利用程序等）将事后通过协商确定。但在此之后，并没有任何有关著作权保护的实质性行动。此案中，韩国法院凭借韩国的主权依据韩国《宪法》的解释及于朝鲜的理由，认为即使朝鲜没有加入《伯尔尼公约》等多边国际条约，也可以在不考虑互惠原则的情况下依据韩国《著作权法》保护朝鲜的作品。但也有反对观点认为，在韩国的主权事实上无法在朝鲜行使的背景下，无视朝鲜特殊的著作权制度，不考虑互惠原则而单方面地对朝鲜的作品给予保护，

〔1〕 서울민사법원 1989.7.26. 자 89 카 13692 결정 .

〔2〕 韩国《宪法》第3条规定："大韩民国的领土为韩半岛和其附属岛屿。"

〔3〕 대법원 1961.9.28. 선고 4292 행상 48 판결 참조 .

〔4〕 在韩国国内，关于《南北基本协议书》的法律效力存在争议，统一院公开表示韩国与朝鲜是暂定的特殊关系，《南北基本协议书》并非国际法上的条约。통일원, 남북기본합의서해설, 1992, 28 면 .

只会让法律关系变得更加复杂。[1]

四、国际条约的途径

若依据冲突规范选定的实体法将加入国际条约作为权利义务关系产生的条件，则有必要讨论国际条约的适用可能性。一般而言，若未承认国家（或地区）加入多边国际条约，即使该条约未明确规定其在未承认国家（或地区）之间具有约束力，也可能依据该条约的解释得出与未承认国家（或地区）之间产生权利义务关系的结论。[2]例如，相关会议的法定人数和多数决的计算方式、各国承担会费的计算方式等，若纠结于国家承认相关措施就会难以执行的技术性条款，无论是否有国家承认都应当被遵守。此外，有关普遍人权和安全保障等问题的条款，也应当依据该条约拥护人权或者维持安全保障的旨趣，在未承认国家（或地区）之间具有约束力。[3]

（一）朝鲜加入《伯尔尼公约》的情形

在朝鲜事后加入了《伯尔尼公约》的情况下[4]，由于《伯尔尼公约》中没有明确规定，必须解释《伯尔尼公约》是否要求其成员国无论国家承认的有无都要给予普遍的著作权保护。换言之，必须探求《伯尔尼公约》规定的目的，也即该《公约》默示的意图。[5]

---

〔1〕 張睿暎「未承認国の著作物と不法行為—北朝鮮映画放映事件—」著作権研究 36 号（2009 年）187 頁参照。

〔2〕 江藤淳一「北朝鮮の著作物にベルヌ条約が及ばないとされた事例」法セ増刊速報判例解説 2 号（2008 年）252 頁参照。

〔3〕 田村善之「民法の一般不法行為法による著作権法の補完の可能性について」コピーライト 607 号（2011 年）40 号参照。

〔4〕 与双边条约及新国家的加入由现有成员国决定的封闭型多边国际条约不同，《伯尔尼公约》是仅依据希望加入的国家的单方注册行为就可以加入的开放型多边国际条约，现有成员国并没有表示反对的机会。详见《伯尔尼公约》第 29 条。

〔5〕 着眼于国家承认的法律性质论的观点，参见：濱本正太郎「未承認国家の地位—ベルヌ条約事件—」小寺彰＝森川幸一＝西村弓編『国際法判例百選（第 2 版）』（有斐閣，2011 年）34–35 頁。

对此，具有典型意义的是前述"朝鲜电影案"的最高法院判决。[1]
此案的争议焦点是，在朝鲜事后加入《伯尔尼公约》的情况下，
没有承认朝鲜为国家的日本是否应该履行该《公约》上的保护义
务，从而对朝鲜的作品给予著作权的保护。[2]日本最高法院认为，
就《伯尔尼公约》而言，该《公约》一方面保护以成员国国民为
作者的作品（第 3 条第 1 款第 1 项），而对于那些以非成员国国民
为作者的作品，只有其作品首次在成员国出版，或在一个非成员
国和一个成员国同时出版（第 3 条第 1 款第 2 项）等情况下才给
予保护，因此非成员国国民的作品并不是普遍受到保护的。《伯尔
尼公约》是以国家主体为前提来保护著作权的，而并不是使成员国
承担具有普遍保护价值的一般国际法义务。此外，在朝鲜加入业已
对日本生效的《伯尔尼公约》的情况下，由于日本没有宣告该《公
约》对朝鲜产生效力，外务省和文部科学省也表示日本对朝鲜的作
品不承担该《公约》上的保护义务。所以，即便朝鲜加入《伯尔尼
公约》，对于两国之间是否发生该《公约》上的权利义务关系，日本
政府依然采取了否定的立场。据此，法院认为，日本对朝鲜的作品
不承担《伯尔尼公约》第 3 条第 1 款第 1 项上的保护义务，朝鲜电
影也不属于日本《著作权法》第 6 条第 3 款所保护的作品。[3]

---

〔1〕　最高裁判所 1977 年 2 月 14 日判决，判例時報 841 号 26 頁。

〔2〕　2003 年 4 月 28 日，朝鲜为了加入《伯尔尼公约》而向世界知识产权组织（World
　　　Intellectual Property Organization，简称 WIPO）的事务局长提交了申请书，该条约
　　　于同年 4 月 28 日对朝鲜产生效力。但是，日本并没有承认朝鲜是一个独立主权的国
　　　家，而且朝鲜加入《伯尔尼公约》的时候，也没有宣告该《条约》对朝鲜生效。

〔3〕　反对意见认为，日本与朝鲜之间不产生《伯尔尼公约》上的权利义务关系这一结论，
　　　是冷战时期的思考模式，与"不得擅自传播他人作品"这一常识相偏离。江藤淳一
　　　「朝鮮の著作物にベルヌ条約が及ばないとされた事例」法セ増刊速報判例解説 2 号
　　　（2008 年）254 頁参照；猪瀬貴道「ベルヌ条約上の日本と北朝鮮との間の権利義務
　　　関係が否定された事例」ジュリスト 1366 号（2008 年）175 頁を参照。但是，反对
　　　说所提出的问题其实是作为行政与司法的职能分担问题，应该通过改善外交关系和
　　　适用其他条约的途径（例如，日本对朝鲜予以国家承认，或者朝鲜加入《WTO 协定》
　　　等）来解决，而并不是法院在履行《伯尔尼公约》上义务时所应该考虑的要素。

　　换言之，《伯尔尼公约》对朝鲜作品的保护义务这一问题，关键在于是否应该把《伯尔尼公约》理解为是一个摒除国家承认问题而要求对著作权进行普遍保护的条约。根据《伯尔尼公约》第3条第1款的规定，该《公约》保护的作品仅限于成员国国民（包括在成员国有固定住所的人）的作品，非成员国国民的作品中首次在成员国出版或者在非成员国与成员国同时出版的作品。此处，重要的是《伯尔尼公约》并没有采取有关作品保护的普遍主义原则。非成员国国民的作品并不是普遍地受到保护，而是需要符合"首次出版地在成员国"这一要求。设置此要求的目的，则是因为一旦在成员国出版该作品，会对成员国产生一定的经济上的利害关系。换言之，《伯尔尼公约》第3条第1款并没有要求将著作权作为一种自然权利而给予普遍的保护。[1]

　　另外，在《伯尔尼公约》第3条第1款的解释基础上，也有必要考察政府的立场。具体来说，即使在《伯尔尼公约》没有要求对著作权予以普遍保护的情况下，也不能从《伯尔尼公约》的解释出发，直接得出日本对朝鲜的作品不承担保护义务这一结论，而是应该进行下一步的分析，即有必要分析政府就日本与朝鲜之间有关《伯尔尼公约》上的权利义务关系采取何种立场。其原因在于，根据日本《宪法》规定，外交关系的处理以及条约的缔结皆属内阁权限（日本《宪法》第73条第2款、第3款）。换言之，既然是否承认某个国家属于拥有处理外交关系权限的内阁决定范畴，那么在与朝鲜的关系上，是否产生《伯尔尼公约》中的权利义务关系这一问题，原则上也是属于内阁可以选择的范畴。然而，"政府的立场"这一要件，只有在《伯尔尼公约》不被认为是普遍保护著作权的多边国际条约的情况下，才作为附随性的考虑要素（α）发挥机能。因为，当《伯尔尼公约》要求成员国对著作

[1] 田村善之「民法の一般不法行為法による著作権法の補完の可能性について」コピライト607号（2011年）40-41頁参照。

权进行普遍保护的情况下，则不用考虑国家承认及政府立场的要素，日本理应对皆为成员国的朝鲜承担《伯尔尼公约》上的保护义务。[1]

（二）我国台湾地区加入《WTO 协定》的情形

我国台湾地区作为"中国台北单独关税区"加入《WTO 协定》后产生的权利义务问题，归根结底是相关条约的解释问题，若该协定明确要求其在单独关税区之间具有约束力，当然会得出成员应当遵守该协定规定的结论。例如，在日本与我国台湾地区之间的关系上，因日本和我国台湾地区均加入的《WTO 协定》第12 条第1 款明确规定，除了国家（State），单独关税区也可以加入该协定，台湾地区就是以"中国台北单独关税区"的身份加入该协定的，所以通过对《TRIPS 协定》（《WTO 协定》的一个组成部分）第9 条第1 款的解释，应认为日本对我国台湾地区的作品承担《伯尔尼公约》上的保护义务。[2]

基于同样的理由，日本外务省《对调查委托的回答书》（2007年1 月29 日），就日本与我国台湾地区之间是否存在《TRIPS 协定》的权利义务关系作了如下回答：《WTO 协定》第12 条1 规定，除了国家以外，单独关税区也可以加入该协定。因此，根据该规定，不论有没有作为国家被承认，加入 WTO 的单独关税区与其他加盟国（Member）之间存在《WTO 协定》上的权利义务关系。台湾地区不是作为《WTO 协定》第12 条1 中所说的"国家"，而是作为"中国台北单独关税区"的名义加入该协定，从而成为该协定的成员。因此，日本与"中国台北单独关税区"之间存在 WTO

---

[1] 丁文杰「未承認国の著作物の保護範囲（1）—北朝鮮映画放送事件—」知的財産法政策学研究 41 号（2013 年）352-353 頁参照。

[2]《TRIPS 协定》第9 条第1 款就其与《伯尔尼公约》的关系规定："各成员应遵守伯尔尼公约（1971）第1 条至第21 条及附录的规定。但是，对于该公约第6 条之2 授予或派生的权利，各成员在本协定项下不享有或不负有权利或义务。"

的加盟国之间所应产生的权利义务关系。关于与《TRIPS 协定》的关系，因为《TRIPS 协定》是《WTO 协定》的一部分，所以日本与"中国台北单独关税区"之间存在《TRIPS 协定》第 9 条所规定的权利义务关系（根据该条规定，其成员国应该承担的义务包括遵守《伯尔尼公约》一定条款的义务）。据此，在日本国内法的处理上，"中国台北单独关税区"应该受到与 WTO 加盟国中的其他成员同样的对待。

上述政府机关的立场后被日本的法院所采用，出现了即使是我国台湾地区的作品，由于《WTO 协定》的协约规定，该作品也应当受日本《著作权法》保护的案例。具有典型意义的是"小型USB 闪存案"。[1] 此案中，原告是我国台湾地区的法人，其依据我国台湾地区《著作权法》，起诉被告委托我国台湾地区的公司制造小型 USB 闪存后又将其进口到日本的行为，要求被告给予损害赔偿。日本东京地方法院认为，依据《TRIPS 协定》第 9 条第 1 款，日本有遵守《伯尔尼公约》规定的义务，所以日本对我国台湾地区负有《伯尔尼公约》上的义务。据此，原告的作品依据《伯尔尼公约》第 3 条第 1 款第 1 项和日本《著作权法》第 6 条第 3 款[2]受日本著作权法的保护。

五、结　语

本章并非旨在从国际法的视角讨论受承认国家的法律性质和效果，而是重点论述国际私法视角下未承认国家（或地区）作品的著作权保护这一尚未得到充分讨论的课题。笔者认为，涉外著作权纠纷案件有必要将《伯尔尼公约》第 5 条第 2 款作为连结点来确定准据法。此外，若未承认国家（或地区）尚未加入《伯尔

---

〔1〕　東京地方裁判所 2011 年 3 月 2 日判决，平成 19 年（ワ）第 31965 号。

〔2〕　日本《著作权法》第 6 条第 3 款规定："根据条约日本负有保护义务的其他作品，根据本法受到保护。"

尼公约》等国际条约，且依据冲突规范选定的实体法不采用互惠原则的情况下，基于实体法的解释单方面地保护未承认国家（或地区）作品的做法存在一定的局限性。然而，若国家条约有明确规定其在未承认国家（或地区）之间存在约束力，那么成员国当然应当遵守这一国际条约的规定。最后，希望本章能够为推进涉外著作权纠纷问题的讨论贡献一份微薄的力量。

附录一
江差追分案

（最高裁判所 2001 年 6 月 28 日判决，最高裁判所民事判例集 55 卷 4 号 837 页）

【主　文】

1. 撤销原审中上告人败诉部分的判决，同时撤销一审中关于该部分的判决。[1]

2. 驳回被上告人与前项部分相关的所有诉讼请求。

3. 诉讼费用由被上告人承担。

【理　由】

上告代理人山田善一、同毛受久申请上告的理由：

1. 原审合法确定的事实和法律关系之概要如下：

（1）被上告人是与江差追分（日本北海道地区民谣）相关的记录文学《迎着北方的波涛歌唱》（以下简称"本案作品"）的作者。上告人 A1 于 1990 年 10 月 18 日制作并播放了名为《北海道特别篇·远东的歌声——追寻江差追分之源》的电视节目（以下简称"本案节目"）。上告人 A 为本案节目播出时上告人 A1 函馆分局广播部的副部长，并作为本案节目制作的现场责任者参与了本

---

* 本案的翻译获得了日本东京大学法学政治学研究科李远杰研究生的帮助。

[1] 日本的司法裁判采取的是三审制，一审由地方法院管辖，二审（控诉审）由高等法院管辖，三审（上告审）由最高法院管辖。

案节目的制作。

（2）本案节目将本案作品作为参考文献之一，依据其制作而成。对此，本案节目中并未提及。

（3）《九月的热风》是本案作品一个短篇，其开头有如附件上半段所示的叙述（以下简称"本案序言"）。《九月的热风》描绘了被上告人第一次观看江差追分全国大会时所看到的大会参加者和观众的样子、大会特有的狂热和激动人心的氛围。本案序言在其开头介绍了江差镇过去和现在的景象，并认为江差追分全国大会令江差镇往日的繁荣复苏，是一年中最重要的盛会。

此外，人们一般认为，江差镇过去因鲱鱼渔业而繁荣，是拥有着人称"即使在江户也无法见到"的繁华富饶之城，但现在鲱鱼渔业不景气，昔日的繁华亦不再。另外，在江差镇，人们一般将八月的姥神神社夏日庆典视为全城最热闹的活动，江差追分全国大会尽管是每年都要举办的重要活动，但并非全城鼎沸的盛事。

（4）本案节目旨在追寻江差追分的起源，描绘了九月份举办江差追分全国大会时，江差镇突然变得朝气蓬勃，不少海外人士亦前来参加大会等内容，本案节目的解说词在与本案序言对应的部分中有如附件下半段所示的叙述（以下简称"本案解说词"）。

2. 本案中，被上告人以本案解说词构成本案序言的改编，本案节目的制作和播放侵害了本案作品的著作权（改编权和广播权）为由，主张与著作权许可费用相当的损害赔偿 100 万日元，以作者人格权（署名权）的被侵害为由主张精神损害赔偿 50 万元，另主张律师费 50 万日元，损害赔偿额合计 200 万日元。

3. 原审依据下述概要的理由，判决被告支付与著作权许可费用相当的损害赔偿 20 万日元，精神损害赔偿 20 万日元以及律师费 20 万日元，合计 60 万日元。

（1）本案序言和本案解说词的以下表达类似：第一，江差镇过去因鲱鱼渔业而繁荣，是拥有着人称"即使在江户也无法见到"的繁华富饶之城；第二，如今鲱鱼消失，昔日的繁华亦不再；第三，江差镇于九月举办江差追分全国大会，每年一次，大会令往日的繁华复苏，城镇也突然变得朝气蓬勃。其中，江差镇过去因鲱鱼渔业而繁荣一事，以及如今鲱鱼消失，昔日的繁华亦不再一事，均属于人们的一般性认识。但在江差镇，人们一般认为，江差镇最热闹的活动是八月举办的姥神神社夏日庆典。而江差城最热闹的活动是江差追分全国大会这一观点是与江差镇人的一般认识不同的，对于江差追分持有特别情感的被上告人特有的认识。

（2）本案解说词不仅以与本案序言相同的顺序叙述了其主要内容，而且其与一般认识不同的关于一年中最热闹的活动的表达也与本案序言类似。另外，从表现形式来看，二者类似的表达也非常多。因此从本案解说词中可以直接感受到本案序言表达形式上的本质特征。

（3）因此，本案解说词构成本案序言的改编，本案节目的制作和播放侵犯了被上告人本案作品的改编权、广播权和署名权。

4. 但是，本院不认同原审的上述判断，其理由如下。

（1）文字作品的改编（《著作权法》第27条）是指，在依据现有作品并维持其表达上的本质特征的基础上，通过对现有作品进行修改、增删或变更等，实现新的思想或情感的表达，从而创作出使接触者可以直接感受到现有作品表达上的本质特征的新作品的行为。进而，因为著作权法旨在保护思想或情感的独创性的表达（参照《日本著作权法》第2条第1款第1项），所以若依据现有作品创作的新作品，仅在思想、情感、事实或事件等非表达的部分或者不具有表达上的独创性的部分与现有作品相似，则不能将新作品的创作行为认定为改编。

（2）就本案而言，本案序言和本案解说词的下述内容和叙述顺序是类似的：第一，江差城过去因鲱鱼渔业而繁荣，是拥有着人称"即使在江户也无法见到"的繁华的富饶之城；第二，如今鲱鱼消失，昔日的繁华亦不再；第三，江差镇于九月举办江差追分全国大会，每年一次，大会令往日的繁华复苏，城镇也突然变得朝气蓬勃。但是，本案解说词与本案序言类似的部分中，江差镇过去因鲱鱼渔业而繁荣，是拥有着人称"即使在江户也无法见到"的繁华的富饶之城一事和如今鲱鱼消失，昔日的繁华亦不再一事均属于一般性的认识，是用于介绍江差镇的常见事实，因此这部分的类似应当被认定为非表达部分的类似。同时，尽管现在江差镇最热闹的活动是江差追分全国大会的认识是与江差镇人的一般认识不同的被上告人特有的认识，但这种认识本身并非著作权法保护的表达，因此，表明相同认识的行为也不为著作权法所禁止。就本案解说词而言，上告人同被上告人均认为，江差镇于九月举办江差追分全国大会，每年一次，大会令往日的繁华复苏，城镇也突然变得朝气蓬勃，这应当认定为本案解说词与本案序言非表达部分的类似，两者的具体表达是不同的。并且，尽管本案解说词的行文与本案序言的主要内容叙述顺序类似，但叙述顺序本身不具有独创性，因此这种类似只是不具有表达上的创造性部分的类似。况且，即使从由上述各部分组成的本案解说词的全体来看，其文字量远远少于与本案序言，且仅上告人创作的影像仅仅是本案节目的背景，接触本案节目的人无法直接感受到本案序言的表达上的本质特征。

因此，本案解说词尽管是依据本案作品创作而成，但其与本案序言类似的部分要么并非表达本身要么不具有表达上的创造性，接触者无法从本案解说词中直接感受到本案序言的表现上的本质特征，故本案序言不构成本案作品的改编作品。

5.结论

依据上文所述内容，本案节目的制作和播放未侵犯本案作品的改编权、广播权和署名权，驳回被上告人的全部损害赔偿请求。与本案裁判不同的支持了被上告人部分诉讼请求的第一审和原审的判决违反了法律规定，其原因可见上文的裁判理由。因此，撤销原审中上告人败诉部分的判决，同时撤销该部分的第一审判决，驳回被上告人的全部请求。

据此，法官全员达成一致意见，作出如主文所示判决。

审判长：井嶋一友
审判员：藤井正雄
审判员：大出峻郎
审判员：町田显
审判员：深泽武久
2001 年 6 月 28 日

附录二
钓鱼游戏城案

（知的财产高等裁判所 2012 年 8 月 8 日判决，判例時报 2165 号 42 頁）

【主文】

1. 依据一审被告 DNA 和一审被告 ORSO 的上诉请求，

（1）撤销原审中一审被告 DNA 和一审被告 ORSO 败诉部分的判决。

（2）驳回一审原告有关上述部分的全部诉讼请求。

2. 驳回一审原告的上诉请求。

3. 驳回一审原告在本次审判中的新增诉讼请求。

4. 诉讼费用（包括一审和二审）由一审原告负担。

【事实和理由】

第一，上诉请求

【一审原告】

1. 上诉请求

（1）撤销原审中一审原告败诉部分的判决。

（2）判令一审各被告从原审判决附件网站目录 1 记载的网站上删除原审判决附件视频目录 1 记载的视频。

＊ 本案的翻译获得了日本东京大学法学政治学研究科李远杰研究生的帮助。

（3）判令一审被告 ORSO 从原审判决附件网站目录 2 记载的网站上删除原审判决附件视频目录 2 记载的视频。

（4）判令一审各被告以连带责任方式向一审原告支付705600000 日元及与之对应的 2011 年 7 月 7 日至支付日的年利率 5% 的利息。

（5）判令一审各被告依据原审判决附件道歉广告目录 1（二）记载的公告要求在原审判决附件网站目录 1 记载的网站首页上，连续 30 天刊载原审判决附件道歉广告目录 1（一）记载的道歉广告内容。

（6）判令一审各被告依据原审判决附件道歉广告目录 2（二）记载的公告要求在原审判决附件网站目录 1 记载的网站网页上，连续 30 天刊载原审判决附件道歉广告目录 2（一）记载的道歉广告内容。

2. 本案新增的诉讼请求

判令一审各被告以连带责任方式向一审原告支付 128650000 日元及与之对应的 2012 年 4 月 25 日至支付日的年利率 5% 的利息。

【一审各被告】

同主文第一项至第三项。

第二，案情概要（无特殊说明情况下，简称同原审判决）

1. 案情要旨

本案中，一审原告向一审被告主张

（1）一审各被告共同制作并向公众传播手机网游《钓鱼游戏城》（以下简称"被告作品"）的行为，侵害了一审原告制作并向公众传播的手机网游《钓鱼之星》（以下简称"原告作品"）的著作权财产权（改编权和《著作权法》第 28 条规定的向公众传播权）和人格权（保护作品完整权），故 1 依据著作权法第 112 条，请求被告停止复制和向公众传播原审判决附件对象目录记载的被告作品的游戏视频，并从网站及存储设备中删除上述视频，2 依据《民法》第 709 条、第 719 条，请求被告支付损害赔偿，3 依据《著作权法》第 115 条，请求被告刊载道歉广告。

（2）一审各被告在其网站上刊载原审判决附件视频目录 1 和 2 记载的视频（以下简称"被告视频 1""被告视频 2"）的行为，构成《反不正当竞争法》第 2 条第 1 款第 1 项规定的"引起混淆的行为"，故 1 依据《反不正当竞争法》第 3 条，请求各被告删除被告视频 1，被告 ORSO 删除被告视频 2，依据《民法》第 709 条、第 719 条，请求被告支付损害赔偿，3 依据《反不正当竞争法》第 14 条，请求被告刊载道歉广告。

（3）一审各被告擅自依据一审原告作品制作并传播被告作品的行为，违法侵害的一审原告享有的值得法律保护的利益，构成侵权，故依据《民法》第 709 条、第 719 条，请求被告支付损害赔偿，3 依据《民法》第 723 条，请求被告刊载道歉广告。

另外，一审原告请求被告支付被告作品发售日 2009 年 2 月 25 日至 2011 年 7 月 7 日上述（1）2，（2）2 和（3）1 的损害赔偿（包含律师费）合计 940200000 日元及与之对应的被告作品发售日至支付日的《民法》规定的年利率 15% 的迟延损害赔偿金。同时，针对上文（1），一审原告还主张（i）被告作品中的"拉鱼画面"侵害了一审原告享有的原告作品中的"拉鱼画面"的著作权财产权和著作权人格权，以及（ii）被告作品中主要画面的变动侵害了一审原告享有的原告作品中主要画面的变动的著作权财产权和著作权人格权。

2. 原审判决

原审判决认为，被告作品中的"拉鱼画面"侵害了一审原告享有的原告作品中的"拉鱼画面"的著作权财产权（改编权、公众传播权）和著作权人格权（保护作品完整权），但原告主张的其他著作权财产权和著作权人格权侵害的缺乏事实和法律依据；同时，一审各被告的行为不构成《反不正当竞争法》第2条第1款第1项规定的行为，也不构成侵权，故仅承认一审原告主张的上述1（1）1的全部和（1）2中合计234600000日元的赔偿及与之对应的迟延损害赔偿金，驳回一审原告的其他诉讼请求。

为此，一审原告不服原审判决提起上诉，同时新增损害赔偿请求，要求各被告向原告支付2011年7月8日至2012年3月8日期间的损害赔偿金128650000日元及与之对应迟延损害赔偿金。同时，一审被告亦不服原审判决提起上诉。

3. 背景事实（无争议事实或依据证据可以轻松认定的事实）

（1）当事人

A. 一审原告

一审原告是经营利用网络提供各种信息服务业务和计算机软硬件开发、制造、销售、发布、维护等业务的股份公司。

一审原告运营适用于手机和个人电脑的可提供社交网络服务（SNS，一种可以让注册会员用户制作自己的个人页，写日记，通过不同主题的论坛同亲密朋友交流对话，同其他会员用户交换信息的网络社交服务）的网站"GREE"。

B. 一审被告 DNA

一审被告 DNA 是经营利用网络处理并提供各种信息服务业务和软件策划、开发、设计、制造、销售、出租、运营及其代理等业务的股份公司。

一审被告 DNA 运营适用于手机和个人电脑的可提供社交网络服务和门户网站服务的网站"Mobage Town"。

C. 一审被告 ORSO

一审被告 ORSO 是经营网络、计算机、手机、游戏机等系统开发和顾问业务，以及游戏软件策划制作、制造、销售和发布等业务的股份公司。

（2）关于原告作品

A. 一审原告于 2007 年制作了以钓鱼为题材手机网游，即原告作品。2007 年 5 月 24 日，在适用于手机的 GREE 上向其会员发售了首个具备社交网络服务交流功能的社交网络游戏原告作品。

B. 原告作品中有首页画面、钓鱼场所选择画面、抛竿画面、拉鱼画面和钓鱼结果画面。

C. 2009 年 2 月 7 日起，原告开始刊载利用了原判决附件视频目录 3 记载的原告作品的拉鱼画面视频（以下简称"原告视频"）的广告。

（3）一审各被告的行为

A. 一审各被告共同制作，并于 2009 年 2 月 25 日在适用于手机的 Mobage Town 上向其会员发售了被告作品。

B. 被告作品中有首页画面、钓鱼场所选择画面、抛竿画面、拉鱼画面和钓鱼成果画面。

C. 在适用于手机的 Mobage Town 中，未玩过被告作品的用户检索被告作品时，会出现介绍被告作品的画面。该画面中包含被告作品发售前的被告作品中的拉鱼画面（被告视频 1）（甲 16、乙 141）。

D. 一审被告 ORSO 主页中也有介绍被告作品的画面。该画面中包含被告作品即将发售时的被告作品中的拉鱼画面（被告视频 2）（甲 14）。

4. 争议焦点

（1）著作权财产权（改编权、向公众传播权）和著作权人格权（保护作品完整权）的侵害是否成立。

A. 被告作品中的"拉鱼画面"是否侵害了一审原告享受的原告作品中的"拉鱼画面"的著作权财产权和著作权人格权。（争议焦点 1-1）

B. 被告作品中的主要画面的变动是否侵害了一审原告享有的

原告作品中的主要画面变动的著作权财产权和著作权人格权。（争议焦点 1-2）

（2）一审各被告在网页上刊载被告视频 1 和 2 的行为是否构成《反不正当竞争法》第 2 条第 1 款第 1 项规定的行为。（争议焦点 2）

（3）一审各被告制作并向公众传播被告作品的行为是否构成侵害一审原告享有的值得法律保护利益的侵权。（争议焦点 3）

（4）一审原告的损害。（争议焦点 4）

（5）一审被告是否应当刊载道歉广告。（争议焦点 5）

第三　当事人的主张（略）

第四，本院的判断

1. 关于是否侵害"拉鱼画面"的著作权财产权和著作权人格权（争议焦点 1-1）

（1）关于改编权和保持作品完整权

作品的改变，是指依据现有作品，在维持其表达的本质特征的基础上，通过修正、增删、变更具体的表达，增加新的思想或感情的表达，创作出使接触者可以从中直接感受到现有作品表达的本质特征的新作品的行为。同时，如果创作的作品中新增只是思想、感想、事实或者事件等不构表达的内容，或者只是不具有表达上的创造性的与现有作品相同的内容，则该作品的创作行为并不构成现有作品的改编。

另外，除《著作权法》第 20 条第 2 款规定的情形外，未经现有作品的著作权人同意，在维持现有作品表达的本质特征的基础上，通过修正、增删、变更具体的表达，创作出使接触者可以从中直接感受到现有作品表达的本质特征的作品的行为，构成保护作品完整权的侵害。

（2）事实认定

一审原告主张，被告作品中的"拉鱼画面"构成原告作品中的"拉鱼画面"的改编。同时，一审原告在原审判决附件比较对照表1的左栏中记载了原告作品中的"拉鱼画面"，在该对照表1的右栏中记载了被告作品中的"拉鱼画面"，并依此主张存在著作权侵权。与此相对的一审各被告主张可见原审判决附件报告书（抛竿、拉鱼视频）1（3）和2（2）。下文将对两作品中的"拉鱼画面"进行比对。

依据证据和辩论的全部意旨，可以认定下述事实（书证中含编号，下同）。

A. 原告作品中的"拉鱼画面"

原告作品中的"拉鱼画面"的影像具体如下文所述（甲4、乙1）。

（A）画面接近正方形，上方五分之一和下方五分之一为黑色背景，上方有拉动距离，下方有"接近中央后按OK拉鱼！"的文字等内容。水中的影像的轮廓为横向的长方形，约占画面的五分之三。

（B）画面中水中影像部分的中央有圆形的图形，其边缘的上下部分略微突出水中影像的上下方。该圆形图形由自中心起算的相等间距的三重同心圆组成。

（C）水中的画面是从其水平方向观察得到的画面。上述同心圆的旁边有一只黑色的鱼影，鱼影的画面是从其侧面观察得到的画面。鱼的口中有一条深蓝色的直线（钓线）延伸至画面的上方。

（D）上述同心圆旁还有岩石影子，沿着同心圆展开，并于水中画面的左右两端和下端相连。水中没有水草、其他生物和气泡等内容。

（E）水中画面的色彩整体呈暗色调的浅蓝色，圆形部分的外侧甜甜圈状部分和中心圆部分的比水中的颜色更浅的蓝色，甜甜圈状部分和中心圆之间的部分的颜色与水中的颜色相同，岩石影子呈略微深一些的蓝色。

（F）鱼影由圆盘状的躯干和三角形的尾鳍组成，整体呈黑色；被鱼钩钩住的鱼在水中来回移动，钓线和鱼影像钟摆一样移动；同时，同心圆和背景画面是静止的。

（G）画面上方的黑色背景中有绿、黄、红配色的拉动距离（测量器），左上方有手持鱼竿的白色的人，内部有黑色的鱼影。

（H）当鱼影位于中心圆时，用户按下决定键会出现"PERFECT"的字样。同样，当鱼影位于中心圆和外侧甜甜圈状部分时，用户按下决定键会出现"GREAT"的字样；当鱼影位于外侧甜甜圈状部分时，用户按下决定键后会出现"GOOD"的字样；当鱼影位于其他部分时，用户按下决定键后会出现"BAD"字样。上述字样均已以小字形式出现在鱼影附近。

（I）鱼上钩后，水中画面中央会出现橙、黄配色的"GET！"字样并逐渐扩大至整个画面，上方的拉动距离会消失变为黑色背景，下方的文字将只显示"OK"；鱼逃跑后，水中画面中央会出现红色的"Miss…"字样和白色的"逃掉了…"的字样，上方的拉动距离会消失变为黑色背景，下方的文字将只显示"OK"。

B. 被告作品中的"拉鱼画面"

被告作品中的"拉鱼画面"的影像具体如下文所述（甲4、乙1）。

（A）画面接近正方形，下方有细长的测量器（拉动距离），剩下的是水中的影像，水中影像的轮廓接近正方形。

（B）画面中央为圆形图形，圆形图形的大小会发生变化，但其最大时的轮廓也不会接触画面的上下左右边界。该圆形图形由自中心起算的间距相等的三重同心圆构成，5条放射状的边界线从中心圆处向外延伸，将画面分成11个部分。

（C）水中的画面是从其水平方向观察得到的画面。上述同心圆中有一条鱼影，鱼影的画面为从其前面观察得到的画面。一条浅蓝色的直线（钓线）从鱼的空中向画面左上方延伸。岩石影子，岩石外援接近画面左端、右下端、右端和下端但并不与之接触，整个大小接近同心圆最大时的大小。

（D）水中画面的颜色总体呈蓝色，在被放射状边界线划分成11个部分的圆形中，除了中心圆外，其余部分均为绿紫配色。上述11个部分中，水中画面的背景是按原样显示的，岩石阴影是略微深一些的蓝色。上述同心圆的大小根据某些参数分9个阶段进行变化，同心圆的配色部分的数量和位置都不同，甚至拉鱼画面不同，同一画面也会随之变化。此外，同心圆的中心圆像旋转的硬币一样移动，并变化为5种类型：纯绿色、银色背景的金色鱼钩、鲜绿色背景的黄色星标、金色背景的银色鱼叉和黑色背景的红色X标。

（E）鱼影的画面是从前面观察得到的画面，有尾鳍、背鳍和胸鳍，整体呈黑色。被鱼钩钩住的鱼影在水中来回移动，钓线位置并不受鱼的移动影像，而是一直延伸至画面左上方。同时，尽管背景画面呈静止状，但同心圆的大小等不断变化。

（F）画面下方有细长的凹形白色背景，蓝色配色的拉动距离，左端有黄色放线器，内部有蓝色的鱼。

（G）当鱼影位于同心圆绿色部分时，按下决定键后画面上方会出现绿色的"Good"字样；当鱼影位于同心圆紫色部分时，按下决定键后画面上方会出现红色的"Out"字样。上述字样均以大字形式出现。另外，当鱼影位于画面中心圆部分时，按下决定键后，会随中心圆部分的样子分别出现"必杀捕捉"、"捕捉率变动"和"一竿模式"等动画。

（H）另外，鱼上钩后，同心圆会消失，画面上方会出现黄色的"上钩了！"字样并逐渐向中央移动；鱼逃跑后，同心圆和测量器会消失，画面中央会出现白色的"逃跑了！""请按决定键"

字样。

（I）还有，在被告作品中的拉鱼画面的开始，在上述（B）的同心圆出现之前，水中画面的鱼影将先从右向左移动，再向画面内移动，然后同心圆出现，鱼影从内向外移动［参照原审判决附件报告书（抛竿、拉鱼画面）2（2）1］。

C. 其他钓鱼游戏的影像

（A）钓鱼迷氛围

在 2003 年 12 月开始发售的手机游戏应用《钓鱼迷氛围 Second Stage》的拉鱼画面中，鱼影为黑色，在钓上鱼之前无法知晓鱼的种类，鱼影在画面中随机移动，用户通过连续按数字键拉鱼。

（B）钓鱼人系列

在 2004 年 8 月开始发售的手机游戏应用《江边的钓鱼人》，2006 年 1 月开始发售的《海边的钓鱼人》和同年 12 月发售的《新·江边的钓鱼人》中，钓鱼的过程均分为抛竿、上钩和拉杆三个部分。在拉杆画面（拉鱼画面）中，画面抛弃了水面上的部分，仅保留水中的部分。水中画面是从水平方向观察得到的画面，水中的背景整体呈现偏暗的浅蓝色。画面中另外还有海带和岩石阴影，除此之外并无其他内容。这些游戏中拉鱼的规则如下所述：依据鱼的移动按下按键，且当鱼在水中停止来回移动时在按下按键会更容易钓到鱼。

另外，包括上述游戏在内的《钓鱼人系列》钓鱼游戏中还有 16 款家庭游戏机游戏，其中钓鱼的过程也均分为抛竿、上钩和拉杆三个部分。在拉杆画面（拉鱼画面）中，画面抛弃了水面上的部分，仅保留水中的部分。水中画面是从水平方向观察得到的画面，水中的背景整体呈现偏暗的浅蓝色。画面中另外还有海带和岩石阴影，除此之外并无其他内容。这些游戏中拉鱼的规则也与上文的规则相同。

（C）渔夫之眼

在家庭游戏机游戏"渔夫之眼"系列中，钓鱼的过程也分为抛竿、上钩和拉杆三个部分，拉杆画面（拉鱼画面）显示的是水中看到的拉鱼的画面（乙110）。

（D）其他手机钓鱼游戏

除原告作品、被告作品、《江边的钓鱼人》《海边的钓鱼人》外，画面中只有水平方向观察得到的水中画面而没有水面以上画面的钓鱼游戏还有《巴士钓鱼》《河钓天堂》《巴士钓鱼分店河口湖》等（甲3），鱼上钩后水中画面变化的游戏也有很多，拉鱼画面显示的是水中看到的鱼的画面的游戏亦有很多（乙109）。

另外，包括水在内的水中背景整体呈蓝色的游戏有很多，如《巴士钓鱼》《一竿钓金枪鱼》《巴士钓鱼分店河口湖》等。（甲3）

还有，除原告作品和被告作品外，钓鱼成功之前，鱼为鱼影状，且钓线可见的游戏还有《河钓大师》《钓鱼冲冲冲！2》《海钓大师》等，这些游戏中画面显示的均是从水上看到的水中鱼影的画面（甲3）。

除原告作品和被告作品外，画面中显示表示钓鱼人和鱼的距离的拉动距离的钓鱼游戏还有《一竿钓金枪鱼》和《巴士钓鱼》等（甲3）。

在钓鱼游戏中，尽管鱼要逃走时的动作画面的变化各不相同，但鱼要逃走时其移动方面不断左右方向改变的游戏有《EX FISHING DAYS》和《巴士钓鱼》，在吊钩周围不断改变方向的游戏有《去巴士钓鱼吧》和《口袋钓鱼3D》（甲3）。

（E）原告作品发售后的类似游戏

另外，在原告作品发售前，市场上没有三重同心圆画面的钓鱼游戏，原告发售后，在水中画同心圆的钓鱼游戏《钓鱼城》和《钓鱼DX》等相继出现。在这些钓鱼游戏中，除三重同心圆外，与原告作品类似的点还有很多，如黑色鱼影、钓线和拉动距离等

（乙6）。

一审原告一直要求上述两游戏停止运营，《钓鱼DX》于2010年8月13日停止运营，当时没有停止运营的《钓鱼城》也于2012年5月31日停止运营（甲45、46、86）。

另外，《NEO钓鱼俱乐部》和《一起钓鱼》中也使用了同心圆的画面（乙6）。

D. 击中判定的 Flash 游戏

"击中判定"是射击游戏、格斗游戏等动作游戏中屏幕上显示的己方角色或敌方角色受到攻击的范围或者射击等攻击可以命中对象物的范围，是游戏专业术语（乙115）。原告作品中的拉鱼画面采用了当鱼影的头部在同心圆内时按下决定键即视为"击中"的规则。

在当点或圆进入对象的一定范围后即判定为"击中"的手机Flash游戏中，还有以弓道为主题的《弓道正射必中》，以射箭为主题的《劳伯斯射箭》和《手机射箭Ver2》，以射击为主题的《凡人狙击手》，以飞镖为主题的《DARTS！》等，这些游戏中也有同心圆靶心。同时，使现实中不存在的假想圆的打靶游戏有《拍苍蝇之王》《昆虫采集》《幽灵盖塔》（乙6、119、121）。

Flash游戏中有计算时机点击按键的游戏规则，申言之，当对象物进入一定范围时按下按键的实质，就是在上述规则下计算某一对象物与另一对象物重合的时机，或者说在某一对象物固定的情况下移动另一对象物（乙42、121）。

（3）改编的成立与否

A. 原告作品和被告作品均为手机社交钓鱼游戏且在诸多方面类似，具体而言，两作品的拉鱼画面都舍弃了水上的画面仅保留水平方向观察水中的画面；两作品的水中画面中都在画面中心有等间距的三重同心圆，另外还有黑色的鱼影和钓线；两作品水中画面的背景包括水在内整体都呈蓝色，下方都有岩石阴影；两作品鱼影上钩时都会在水中来回移动且背景画面静止。

B. 然而，如上文（2）C 所述，仅保留水中画面，水中画面中有鱼影、钓线和岩石阴影，水中画面的配色整体呈蓝色等表达也存在与其他钓鱼游戏中，即使与实际水中的影像相比，也不过是常见表达。

另外，原告作品的特征之一是水中画面是从其侧面观察得到的画面且鱼影来回移动式背景画面静止，这种描绘水中景象的方法本身不过是思想而已。

尽管以前的钓鱼游戏并未出现三重同心圆，但射箭、射击、飞镖游戏中的均有同心圆，其最终被应用到了钓鱼游戏中，因此钓鱼游戏中使用同心圆本身只是思想。原被告作品中的同心圆的画法相似，都是位于画面中心且从画面中心开始计算的间距相等的三重同心圆。但在原告作品中，水中影像所占画面部分中是一个长长的矩形，只占整个画面的 3/5 左右，但在被告作品中，水中影像所占画面是一个几乎占据整个画面的正方形，大小变化的同心圆即使在最大的时候也不会触及两端，具体的表现形式如鱼影移动时同心圆的大小、色彩搭配和中心部分的影像都有变化。此外，原告作品中同心圆的配色，在最外侧的甜甜圈状部分和中心圆部分使用了比代表水的蓝色更浅的颜色，而甜甜圈状部分和中心圆部分之间的部分则按原样显示背景水中画面，因此同心圆并不瞩目。但在被告作品中，除了中心圆之外，绿色和紫色被应用于 11 个径向分割的部分，同心圆十分瞩目。还有，被告作品中同心圆的中心圆像旋转的硬币一样移动，并以 5 种不同的方式变化：纯绿色、银色背景的金色鱼钩、鲜绿色背景的黄色星星标志、金色背景的银色鱼叉和黑色背景的红色 X 标志。因此，尽管原告作品和被告作品都是"三重同心圆"，但由于具体表达方式不同，接触者的印象也不一定相同。

还有，就黑色鱼影和钓线而言，如上文（2）C 所述，钓上鱼之前鱼一直表现为鱼影的形状且旁边还有钓线的画面从前就存在，是常见表达。并且，从二者的具体表达来看，原告作品的鱼影是从侧面观察得到的画面，被告作品中的鱼影是从前面观察到的画面，二者并不相同。

C.综上所述，抽象地来说，原告作品中的拉鱼画面和被告作品中的拉鱼画面都舍弃了水上的画面仅保留水平方向观察水中的画面；都在画面中心有等间距的三重同心圆，另外还有黑色的鱼影和钓线；水中画面的背景包括水在内整体都呈蓝色，下方都有岩石阴影；鱼影上钩时都会在水中来回移动且背景画面静止。但上述相似部分不过是不构成表达的内容或不具有表达上的创造性的内容，且其具体表达也存在差异。

而且，就原告作品中的拉鱼画面和被告作品中的拉鱼画面的整体而言，在同心圆出现后，被告作品中的水中画面是一个短的正方形，除了画面底部的狭窄部分外，几乎占据了整个画面，而原告作品中的水中画面是一个横向的长方形，二者并不相同。被告作品中同心圆的大小和位置是不同的，但始终没有接触到画面的两端，且在鱼影移动的过程中，同心圆的大小、画面配色以及中心圆的设计都发生了变化，而原告作品中同心圆的大小和位置不变，且接触到画面的上端和下端。此外，被告作品与原告作品在拉动距离的位置和设计方面、鱼影画面方面以及鱼影与同心圆之间的关系方面都有不同。还有，在原告作品和被告作品中，当鱼影在圆心时按下决定键，会根据圆心的显示情况出现动画，但此后二者的动画并不相同。并且，如下文（d）（f）所述，同心圆和鱼影的位置关系不同时，按下决定键时的具体表达方式也是不同的。最后，在被告作品中，在同心圆显示之前，有一个一条鱼影在水中穿过画面移动的场景。

综上所述，从与原告作品中相似和不相似部分的内容及其创造性的有无和程度来看，被告作品中的拉鱼画面接触者感受到的全体印象与原告作品并不相同，无法从中直接感知到原告作品表达上的本质特征。

D. 关于一审原告的主张

（A）一审原告主张，原告作品中水中画面是从其水平方向固定视角观察得到的画面是原告作品表达上的本质特征。

然而，如前所述，除原告作品和被告作品外，抛弃水上画面仅保留从水平方面观察得到的水中画面的钓鱼游戏至少还有 5 个（甲 3），上述水中画面不过是一般性表达。

（B）一审原告主张，原告作品中在画面中心位置有相等间距的三重同心圆，最外侧的圆约占水中画面的一般的画面是其表达上的本质特征。

如上所述，三重同心圆是在以前的钓鱼游戏中未曾出现的特征（甲 3），被告作品也采用了三重同心圆的画面，可以推定一审各被告是从原告作品中得到三重同心圆的启发。

然而，钓鱼游戏中的采用三重同心圆也不过是思想，如上所述，同心圆的具体样态并不相同。因此，仅采用同心圆一处尚不足以使接触者直接感知到表达上的本质特征。另外，被告作品中的同心圆的大小分 9 个阶段变化，也并非一直在占据水中画面的1/2。

（C）一审原告主张，在原告作品中，背景水中的颜色整体呈偏暗的淡蓝色，岩石阴影横跨水底左右两端并紧贴同心圆边缘，除此之外没有水草、其他生物和气泡，这构成原告作品表达上的本质特征。

然而，在描绘钓鱼的场景时，蓝色的河海和水中背景中的岩石阴影都是一般性表达（乙 108、110）。并且与原告作品的蓝色相比，被告作品中的蓝色稍微偏亮，二者并非同一蓝色。两作品中岩石阴影的形状和位置也并不相同。

（D）一审原告主张，原告作品中，鱼表现为黑色的鱼影，钓线从鱼口中延伸至影像上部，这构成原告作品表达上的本质特征。

然而，在钓鱼游戏中，鱼和钓线的表达本身属于一般性表达。另外，没有将鱼描绘为具体的鱼而是表现为鱼影这一手法本身属于思想，在以前的游戏中也有出现（甲3、乙112）。而且原告作品中，鱼影是从侧面观察得到的圆盘状的躯干和三角形的尾鳍的结合体，而被告作品中，鱼影是从前面观察得到的尾鳍、背鳍、胸鳍和躯干的结合体，二者并不相同。就钓线而言，原告作品中，钓线随鱼一起运动，而被告作品中，钓线并不随鱼运动，而是一直伸向画面左上方，二者并不相同。

（E）一审原告主张，原告作品中，同心圆和背景画面静止，仅上钩的鱼影在水中变换方向来回移动，这构成原告作品表达上的本质特征。

然而，被告作品中，同心圆并非静止，大小和颜色都不断变化，并不能说只有上钩的鱼影在来回移动，这与原告作品并不相同。

（F）一审原告主张，原告作品中，卷起钓线的时机依据静止的同心圆和来回移动的鱼影的位置关系确定，这构成原告作品表达上的本质特征。

然而，如上文（2）（d）所述，Flash游戏中有计算时机点击按键的游戏规则，申言之，当对象物进入一定范围时按下按键的实质，就是在上述规则下计算某一对象物与另一对象物重合的时机，或者说在某一对象物固定的情况下移动另一对象物。换言之，游戏规则的实质是用静止的同心圆和移动的鱼影之间的位置关系来表达收线的时机，当对象物快速而不规则地在画面上移动到画面上的某一范围内时按下按键即为成功，成功一定次数后即可通关。这些游戏规则都属于思想的范畴。原告作品中，如上文（2）

A（H）和 B（H）所述，当鱼影在中心圈内时按下决定键，出现"PERFECT"字样；当鱼影在中心圆和外侧甜甜圈形状部分之间时按下决定键，出现"GREAT"字样；而当鱼影在甜甜圈形状部分内时按下决定键，出现为"GOOD"字样；而当鱼影在其他部分时按下决定键，出现"BAD"字样。被告作品中，当鱼影在同心圆的绿色部分时按下决定键，出现"GOOD"字样；当鱼影在同心圆的紫色部分或同心圆的任何其他部分时按下决定键，显示"OUT"字样，这些字样的具体位置关系和出现时机均不相同。

（G）一审原告主张，即使各要素分开来看都不具备表达上的创造性，这些要素构成的整体亦有可能具有创造性，因此将整体作品拆分成各构成部分区分思想和表达并判断创造性的有无的做法是不妥当的。

然而，作品的创造性表达，是集合各种各样的创造性要素成立的，故在判断原告作品和被告作品的相似部分是否为表达以及是否具有表达上的本质特征时，有必要分析其各种构成要素是否为表达以及是否具有表达上的本质特征。在此之上，再分析作品整体或主张侵权的内容整体是否为表达以及是否具有表达上的创造性。

本案中，从拉鱼画面整体来看，被告作品中有原告作品中没有的画面和动画，水中画面的轮廓与原告作品并不相同，同心圆的大小和位置也与原告作品并不相同。被告作品中同心圆的大小、配色和中心圆部分的图案的变化、鱼影的形状、鱼影和同心圆的前后关系等具体表现均与原告作品不同，因此被告拉鱼画面的接触者感知到的该画面的印象与原告作品并不相同。

（H）一审原告主张，作品的对比应当限定在原告主张的范围内，原告主张范围之外的无关画面不应被考虑。

在改编权侵权诉讼中，著作权人原告认为其作品的一部分被侵害时，应当举出证据将其主张的被侵害的部分特定化，并将该部分与其主张的侵权作品进行对比。只要被侵害的作品可以划分为整体和部分，当事人就必须就其主张范围内的侵害状况承担举证责任。

然而，本案中，一审原告在主张"拉鱼画面"改编权侵权时，将拉鱼画面特定为同心圆出现之后的画面，而拉鱼画面开头同心圆出现之前鱼影从右向左移动后又向画面内移动的画面内容并不包括在其主张的画面之内。一审原告还主张被告作品中现有的圆的大小和配色的变化的画面和当鱼影在中心圆部分时按下决定键后出现"必杀捕捉""捕获率变动""一竿模式"等字样的画面等也不包括在其主张的画面之内，所应当比较的，只是原审判决附件比较对照表1中特定的画面。如此一来，若著作权人抛弃整体作品的一部分并只对比其特定的作品部分，当对方依据原审判决附件报告书（抛竿、拉鱼影像）1（3）和2（2）比较包括被抛弃部分在内的整体作品时，从诉讼标的的角度来看，只要该内容属于拉鱼画面内的内容，就不能禁止其举证主张从该内容中无法直接感知表达上的本质特征。

还有，本诉讼的诉讼标的是原告作品著作权的停止侵害请求权等内容，一审原告关于"拉鱼画面"的主张不过建立在该请求权之上的一种攻击方法，一审各被告的防御方法并没有超过诉讼标的的范围。即使将本诉讼的诉讼标的的解释为原告作品中的"拉鱼画面"著作权的停止侵害请求权等内容，一审各被告的上述防御方法也没有超过上述诉讼标的的范围。

E. 汇总

综上所述，被告作品中的拉鱼画面与原告作品中的拉鱼画面相似的部分不过是思想或非表达的部分抑或是不具创造性的部分，被告作品中的拉鱼画面的接触者无法从中直接感受到原告作品中的拉鱼画面的表达上的本质特征，故前者不构成后者的改编。

（4）小结

从被告作品中的拉鱼画面中无法直接感知到原告作品中的拉鱼画面的表达上的本质特征。因此，一审各被告制作包含拉鱼画面的被告作品的行为不构成一审原告的原告作品改编权的侵害，传播被告作品的行为也不构成《著作权法》第28条向公众传播权的侵害。同理，一审各被告制作包含拉鱼画面的被告作品的行为不构成一审原告的原告作品保护作品完整权的侵害。

2. 主要画面的变动的著作权财产权和著作权人格权侵权成立与否（争议焦点1-2）

（1）事实认定

依据证据和辩论的全部意旨，可以认定下述事实。

A. 关于原告作品

（A）如原审判决附件比较对照表2-1所示，原告作品中有1首页画面、2钓鱼场所选择画面、3包括抛竿画面和拉鱼画面在内的游戏画面、4钓鱼结果（包括钓鱼成功和钓鱼失败两种情况）画面。另外，上述1、2和4以网页形式存在，而上述3是用Flash平台制作的游戏影像（甲5，乙40、104，辩论的全部意旨）。

（B）在原告作品中，上述1首页画面之后出现的是上述2钓鱼场所选择画面，用户首先选择海钓或者河钓，再选择海钓或者河钓的具体钓鱼场所。用户选择完钓鱼场所后就会变换到相应钓鱼场所的上述3"抛竿画面"。在抛竿画面中，用钓竿向海里投掷诱饵或向河里投掷鱼饵（抛竿），鱼咬食诱饵或鱼饵后就会变换到拉鱼画面，之后再变换到上述4"钓鱼结果"画面（甲5，乙40、104，辩论的全部意旨）。

用户想要重新开始游戏时，不必返回上述1"首页画面"，可以直接从上述4"钓鱼结果画面（成功）"或"钓鱼结果画面（失败）"返回上述"钓鱼场所选择画面"或上述3"抛竿画面"，就可以重新开始游戏。

（C）在首页画面中，最上方画有"钓鱼之星"的标志，下方是活动通告等内容，再下方是"来钓鱼吧！"的字样，并画有配图和"去钓鱼"的链接。在上述配图中，有水湾形状的所有钓鱼场所，画面下方有海，画面上方有山和晴空、云彩和草木。再下方有"日志""攻略技巧""钓具"和"商店"等内容，并分别配置有日志画面、攻略技巧画面、钓具画面和商店画面的链接，同时还有介绍活动信息和特定用户的链接，最下方是"通知""钓鱼指引""对应机型""用户咨询"和"为了攒金币"等链接，还设置有前往主要画面的链接（甲5、6，乙40、41）。

（D）在钓鱼场所选择画面中，最上方是"海钓"字样，其下方有配图，上面写着"选择钓鱼场所后开始"的字样和四个钓鱼场所的名称。上述配图中有海湾钓鱼场所的场景，下方是海，上方是绿色的山，海边是白色的沙子，海面上是白色的波浪，另外还有灯塔。配图之下有"准备钓鱼"栏目，其中有可以前往钓具画面、商店画面、帮助画面和攻略技巧画面的分别显示为"选择钓具""购买钓具""钓鱼方法"和"攻略"等字样的链接。再下方有用户可以前往的钓鱼场所（公主港）的抛竿画面的链接和用户不可以前往的其他钓鱼场所的名称等钓鱼场所的信息，还有各钓鱼场所的配图和名称，前往"抛竿画面"的链接（去钓鱼），在该钓鱼场所点钓到大鱼的用户的排名的链接，前往"攻略""杂谈"等各论坛的链接。在用户不可前往的钓鱼场所中，有"凭现在的称号不能前往的"的字样（甲5、7，乙40、41）。

（E）在海钓抛竿画面中，画面上方是天空，中间是水面，下方是地面，指示抛竿目标的标志按照确定的轨迹移动，当用户按下决定键后出现钓竿振动的动画，同时钓钩被抛出。而在河钓抛竿画面中，水面上随机出现小的鱼影，钓钩抛出后画面右上角会出现浮标，鱼咬住鱼钩时浮标会下沉。无论是海钓还是河钓，鱼上钩后画面中央都会出现不断放大的"HIT！"的橙色字样（甲5、

8，乙1、40）。

（F）上钩画面之后出现的是拉鱼画面，如上文1所述，在拉鱼画面中，画面上方的黑色背景中有拉动距离，画面下方的黑色背景中有"到中央时按OK键拉动"的字样，中央的水中画面呈偏暗的浅蓝色，另外还有三重同心圆、黑色鱼影和钓线。

（G）在钓鱼结果画面（成功）中，画面最上方是"钓到了××"的字样，下方是钓上来的鱼的配图和名称。再下方是鱼的大小、表示评价的星级、钓上该鱼可获得的点数、钓鱼结果记录的点数和顺位，前往排名的链接。更下方是"菜单"字样，其中有前往抛竿画面或鱼标本画面的显示为"继续钓鱼""制作鱼标本"字样的链接，最下面是前往"移动""钓具""商店""攻略技巧""日志"等画面的链接（甲5、9，乙40、41）。

（H）在钓鱼结果画面（失败）中，有"鱼逃跑了"的字样，中央有标记着"？"的鱼影的影像，未成功钓上来的鱼的种类及其大小。下方的菜单中有显示为"继续钓鱼"字样的返回抛竿画面的链接。再下方有前往"移动""钓具""商店""攻略技巧""日志"等画面的链接（甲5、10，乙40、41）。

B. 关于被告作品

（A）如原审判决附加比较对照表2-2所示，被告作品中有1首页画面、2钓鱼场所选择画面、3包含抛竿画面和拉鱼画面在内的游戏画面、4钓鱼结果画面（包括钓鱼成功和钓鱼失败两种情况）。另外，上述1、2和4以网页形式存在，而上述3是用Flash平台制作的游戏影像（甲5、乙40、辩论的全部意旨）。

（B）在被告作品中，上述1"首页画面"之后出现的是上述2"钓鱼场所选择画面"，用户可以在此画面选择钓鱼场所。再经过"按下决定键画面"后可以进入对应钓鱼场所的上述3"抛竿画面"。用户在抛竿画面中抛出鱼竿，鱼咬食鱼饵后，就会变换到"拉鱼画面"，此时还会有插入画面。最后，画面变换到上述4的

"钓鱼结果"画面（甲5、乙40、辩论的全部意旨）。

用户想要重新开始游戏时，不必返回上述1"首页画面"，可以直接从上述4"钓鱼结果画面（成功）"或"钓鱼结果画面（失败）"返回上述"钓鱼场所选择画面"或上述3"按决定键画面"，就可以重新开始游戏。

（C）首页画面的最上方是"网站维护通知"和"钓鱼游戏2"的标题，下方是配图和"欢迎来到铃波岛""去钓鱼吧！"字样的链接。配图上有钓鱼水湾的场景图，画面下方是海，上方是山、晴空、云彩和草木。再下面有前往日志画面、攻略技巧画面、钓具画面和商店画面的分别显示为"记录""攻略""装备""商店"字样的链接。更下面是前往介绍活动信息和特定用户的画面的链接。首页画面最下面有前往"登录我的游戏""意见箱""常见问题""用户咨询""购买移动货币"页面的链接，并设置有前往主要页面的链接（甲5、6，乙40、41）。

（D）钓鱼场所选择画面中，最上面是"选择钓鱼场所吧"的字样，再下面是配图。上述配图中有钓鱼海湾的场景，画面下面是海，上面是长有草木的山，海边是白色沙滩，海面上有白色波浪，另外还有灯塔。配图右边有4个钓鱼场所的名称，还有前往用户可以去的钓鱼场所（浜梨公园、朝潮大堤）的抛竿画面的链接，以及用户不可以去的钓鱼场所的名称。更下面是"准备钓鱼"栏目，其中有前往"钓具画面"、"商店画面"、"攻略技巧画面"和"帮助画面"的分别显示为"装备"、"钓鱼方法"、"商店"和"攻略"字样的链接。

另外，在"钓鱼场所信息"栏目中，还有各钓鱼场所的配图和名称，前往"抛竿画面的链接"（"去钓鱼"字样），前往玩家间交互攻略信息的"攻略"论坛和玩家间进行杂谈的"杂谈"论坛的链接，前往不同钓鱼场所排名画面的链接。在用户不可前往的钓鱼场所中，有"凭现在的称号不能前往的"的字样（甲5、7，乙 40、41）。

（E）按下决定键画面之后出现的是抛竿画面，在抛竿画面中，画面上方是天空，下方是水面，最下方是很小面积的地面，指示抛竿目标的标志按照确定的轨迹移动，当用户按下决定键后出现钓竿振动的动画，同时钓钩被抛出（甲 5、8，乙 1、40）。

（F）如上述 1 所述，在拉鱼画面中，开头有鱼影移动的画面，然后画面下方出现细长的测量器（拉动距离），画面几乎全部变成蓝色水中画面，还有三重同心圆，黑色鱼影和钓线。

（G）在钓鱼结果画面（成功）中，画面上方有钓上的鱼的配图影像，下面有鱼的名字和大小，表示稀有度的星级，画面下方有钓上该鱼可获得的点数、钓鱼结果记录的点数和顺位，前往排名的链接。另外，还有前往钓鱼场所选择画面或按下决定键画面的显示为"继续钓鱼""去其他钓鱼场所"字样的链接，以及前往"钓具"、"商店"、"攻略技巧"和"日志"等画面的链接（甲 5、9，乙 40、41）。

（H）在钓鱼结果画面（失败）中，"钓鱼失败"文字下画面的中央有"?"标记的鱼影的影像，画面下方有未钓上来的鱼的种类和大小。另外，还有前往钓鱼场所选择画面或按下按键画面的显示为"继续钓鱼""去其他钓鱼场所"字样的链接，以及前往"钓具""商店""攻略技巧"和"日志"等画面的链接（甲 5、9，乙 40、41）。

C. 关于其他游戏

（A）手机钓鱼游戏是一种用户在手机屏幕上用鱼竿尝试钓到水中的鱼的游戏，举起鱼竿的时机决定了用户游戏的成败，成功或失败的结果会显示在屏幕上。因此，在原告作品之前发行的大部分手机捕鱼游戏都有"首页画面""抛竿画面"和"钓鱼结果画面"。其中不少游戏中还有"钓鱼场所选择画面"，用户可以在该画面中从几个渔场中选择一个渔场。此外，许多作品中都有"拉鱼画面"，该画面大大增强了游戏的可玩性，有些作品中还有"钓鱼结果画面"，显示钓鱼的成败（A3、23，B111、134）。

（B）在可以从数个钓鱼场所中选择一个钓鱼场所的钓鱼游戏中，不少游戏中都有画有山、白色沙滩、白色浪花和灯塔的钓鱼场所的配图。

另外，在其他钓鱼游戏以及原告作品发售前的其他手机钓鱼游戏中，也可以发现其钓鱼结果画面中有钓上来的鱼的配图、名字和大小，以及用户钓上该鱼可获得的点数或评价等内容（甲3、23，乙107、111）。

还有，在《钓鱼人系列》中，游戏会记录钓上来的鱼的数据，用户还可以从周围其他角色处可以得知有关钓鱼的信息、玩法和钓鱼方法等内容（乙108、133）。

（C）其他不少钓鱼游戏中都有从首页画面到钓鱼场所选择画面的画面变换，从钓鱼场所选择画面到抛竿画面的画面变换，从抛竿画面到拉鱼画面的画面变黄以及从拉鱼画面到钓鱼结果画面的画面变换。

还有，在《钓鱼人系列》的浮标钓鱼场景的画面变动中，在河或海的俯视图画面中完成抛竿后，浮标出现在水面上，当浮标大幅下沉时按下按键可以使鱼上钩，鱼上钩后画面切换为水中画面，水面上的画面消失，水中画面仅显示从其水平方向观察得到的画面（甲23、乙107）。

（D）在迄今为止的各种收集游戏中，显示用户收集的对象物的配图、名字、大小和点数的游戏，设计不同场所的排名的游戏，将未成功收集的对象物的名称、大致大小、影像等表示为"？"的游戏，以及在用户不可以前往的场所中显示"未达等级之前不能前往""仅凭现在的称号不能前往"等字样的游戏都有很多。

D. 手机游戏的特色

利用网页浏览功能的手机游戏的画面构成中通常具有以下限

制或特色。

（A）在利用网页浏览功能的手机游戏中，屏幕上显示的画面并非一成不变的，用户通过选择各画面上的链接，进入到不同的游戏画面中，如此反复即可推进游戏的进程。因此，除纯粹的游戏画面（本案中即抛竿画面和拉鱼画面）外，上述手机游戏画面均是由信息告知画面和链接的组合构成的。

另外，手机屏幕较小，用户一次能够认知的信息量也较少，当页面中有大量信息时，用户通常需要将画面向下滑动才能看到其需要的信息。因此，为了便利用户的使用，手机游戏中的用户关注的信息和前往经常使用页面的链接会尽可能地被统一安排到网页的上方，文字信息也尽量用简短的话语说明。

并且，在浏览网页时，一般只需要使用手机的上下键和决定键，因此，各链接通常按照重要程度从网页上方按顺序排列。

因此，特别是首页必须被设计成游戏整体的索引画面。还有，由于链接排列方式的变化较少，各标题之下有诸多相似的内容。

还有，手机上网用户大多数是利用休息时间或出行时间等碎片化的时间上网，受该时间因素的制约，从用户发现和浏览链接的简易性和操作的便利性等角度来看，前往用户的目标网页所需要的画面变动和必要的点击数应当尽可能地减少。此外还需要实现从任何一个网页处都能到达目标网页的功能（甲40，乙7、8、30、31）。

（B）社交网站中通常设计有论坛，论坛中有各种不同的话题栏，对某一话题感兴趣的用户通常可以在其中自由撰写评论。在游戏攻略网站或手机网页游戏中，通常都会设置攻略论坛和杂谈论坛（乙9、10）。

（2）改编成立与否

A. 关于画面的选择和变动

在原告作品和被告作品中，都有"首页画面""钓鱼场所选择画面""抛竿画面""拉鱼画面"和"钓鱼结果画面"（分为成功和失败两种情况），且依据用户的操作，二者都会发生1"首页画面"—2"钓鱼场所选择画面"—3"抛竿画面"—"拉鱼画面"—4"钓鱼结果画面（成功）"或者"钓鱼结果画面（失败）"顺序的变动，且二者都可以从上述4"钓鱼结果画面（成功）"或"钓鱼结果画面（失败）"直接变动到上述1"首页画面"以重新开始游戏。

然而，原告作品和被告作品均为手机钓鱼游戏，都是立足于钓鱼人的实际行动这一社会事实，以收集钓鱼场所的信息，选择、购买和装备适合目的鱼种的钓具，去钓鱼场所钓鱼，确认钓鱼结果，判断是否在通常场所继续钓鱼，为钓其他种类的鱼而改编钓鱼装备和场所等一系列钓鱼人的行动为中心，采用社会事实中的诸多素材，依据钓鱼人一系列行动的顺序设计出来的。

如上文（1）所述，从之前的钓鱼游戏中就存在上述画面来看，原告作品和被告作品中的画面的选择和顺序遵循了钓鱼人一系列行动的时间顺序，是钓鱼游戏中的一般性表达方法。另外，被告作品中还有原告作品中没有的按下决定键的准备画面和鱼向画面内移动的画面等内容，但没有原告作品中存在选择海钓或者河钓的画面和引诱鱼的画面，结合原告作品和被告作品中的其他具体不同点，尽管被告作品和原告作品的画面变动具有上述相似性，但从前者中并不能直接感知到后者的表达上的本质特征。

B. 关于首页画面

原告作品和被告作品的首页画面在诸多方面相似。两者都记载了游戏名称，水湾状钓鱼场所整体配图下都有前往钓鱼场所的链接，都有前往日志画面、攻略技巧画面、钓具画面和商店画面、活动告知画面和特定用户介绍画面的链接。

然而，无论是在游戏首页画面中记载游戏名或配图，还是在手机钓鱼游戏中设置钓鱼场所选择画面，都是常见的手法。购买并装备钓具，查看钓鱼记录，获取和传播钓鱼相关信息（钓鱼方法或攻略技巧等）等钓鱼游戏用户的主要操作内容都与现实中钓鱼人的基本行动模式相似，因此，上述出于用户便利的考量将其经常使用的"日志""攻略技巧""钓具"和"商店"等网页的链接统一设置在画面上方的方法也是常见的手法。除此之外，原告作品和被告作品中的标题、配图或各链接的具体语句、图画、位置等并不相同，具体的表达也存在诸多不同。

C. 关于钓鱼场所选择画面

原告作品和被告作品中的钓鱼场所选择画面有诸多相似之处。二者的配图里都有四个钓鱼场所的名字，配图里是从海边钓鱼水湾上空观察到的海和山，海边是白色沙滩，海面上是白色的浪花和灯塔。二者中可以前往的钓鱼场所的名称处设置有前往各钓鱼场所抛竿画面的链接，不可以前往的钓鱼场所之上只有名称。二者的"准备钓鱼"栏目中设置有选择钓具、购买钓具、攻略技巧和钓鱼方法等链接。二者的"钓鱼场所信息"栏目中设置有各钓鱼场所和名称，前往其"抛竿画面"的链接，前往各钓鱼场所钓鱼用户排名画面的链接和前往攻略·杂谈论坛画面的链接。

然而，通过配图展示钓鱼场所的手法属于思想，两作品钓鱼选择画面的配图本身完全不同。还有，在从数个钓鱼场所中选择一个钓鱼场所钓鱼的钓鱼游戏中，有很多都添加了钓鱼场所水湾上空的观察得到的配图，图里都有山、白色沙滩、白色浪花和灯塔。还有，在原告作品中，在海钓钓鱼场所中，有港口或防波堤、沙滩、岩石周边等地点，在河钓钓鱼场所中，有公主港、须佐湾、剑之海角和弯腿桥等四处地点；而在被告作品中，有浜名公园、朝潮大堤、三日月湖和微岛风岩石等钓鱼场所，分别与原告作品中的港口、防波堤、沙滩和岩石周边等钓鱼场所对应，但上述钓鱼场所均为海钓的钓鱼场所（乙 17、36），根据一般钓鱼人的常识，随着钓鱼经验的积累，海钓场所的钓鱼地点会从防波堤到沙滩再到岩石，难度和挑战性更强。

设置选择购买钓具，查看攻略和钓鱼方法的链接也是遵循钓鱼游戏中用户的具体操作模式的常见设置方法。如上述（1）所述，社交网站中通常设计有论坛，论坛中有各种不同的话题栏，对某一话题感兴趣的用户可以在其中自由撰写评论。在游戏攻略网站或手机网页游戏中，通常都会设置攻略论坛和杂谈论坛。另外，设置排名本身属于思想的范畴。还有，如上述（1）所述，不少收集游戏中都在不同的收集场所中设置不同的排名。上述论坛和排名本身及其链接的设置都只能算是一般的手法，其中论坛画面和排名画面的具体表达也各不相同。

D. 关于抛竿画面

原告作品（海钓）和被告作品中的抛竿画面有诸多相似之处。二者中都没有显示钓鱼人的身影，显示的是钓鱼人所看到的上方的天空、中间的水面和下方的立身之所。二者指示抛竿目标的标志都按照确定的轨迹移动，用户按下决定键后都会出现钓竿振动的动画，同时抛出鱼饵等装置。

然而，从何种视角观察、描绘画面属于思想的范畴，有其他钓鱼游戏描绘的也是钓鱼人视角下的钓鱼场所画面（乙110、135）。另外，原告作品和被告作品中的配图、显示抛竿处的标志、钓竿的形状、鱼咬食鱼饵的影像和显示鱼上钩的字样等具体表现各不相同，给接触者留下的印象也并不相同。

E. 关于拉鱼画面

原告作品和被告作品中的拉鱼画面的异同可见上文1的论述。除此之外，原告作品中从抛竿画面向拉鱼画面的变动在从前的钓鱼游戏中就已经出现过，而被告作品中的鱼影的出现方式等具体表现与从前的钓鱼游戏并不相同。

F. 关于钓鱼结果画面（成功）

原告作品和被告作品中的钓鱼结果画面（成果）有诸多相似

之处。二者画面最上方都是钓上的鱼的配图、名字、大小、表示评价的星级、钓鱼记录的点数，也都有前往再次钓鱼画面的链接和前往钓具、商店、攻略技巧和日志各画面的链接。

然而，如上述（1）C 所述，也有其他游戏的画面中显示钓上的鱼的配图、名字、大小、可获得点数中的全部和部分内容，这只是钓鱼游戏中常见的表现手法。另外，两作品的具体表达并不相同。还有，前往购买装备钓具页面、钓鱼记录页面、钓鱼方法页面、钓鱼攻略技巧页面的链接也存在于首页画面中，它们属于为用户便利着想的思想的范围。

G. 关于钓鱼结果画面（失败）

原告作品和被告作品中的钓鱼结果画面（失败）有诸多相似之处。二者中央都有"？"标记的鱼影的影像，还有未钓上来的鱼的种类和大概的大小，另外还设置有前往抛竿画面、钓鱼场所选择画面、钓具、商店和攻略技巧画面的链接。

然而，如上述（1）C 所述，用"？"标记未能成功收集的对象物的名称、大概大小和影像等的方法，反映了实际的钓鱼人的行动，是收集游戏中常见的手法。另外，上述链接的设置也存在于首页画面中，本质上属于思想的范畴。

H. 关于本质特征的直接感知

综上所述，被告作品中与原告相同的画面变动和素材的选择排列部分，属于不构成表达的思想或没有表达上的创造性内容，且被告作品和原告作品中的具体表达并不相同，从被告作品中无法直接感知到原告作品表达上的本质特征。

I. 关于一审原告的主张

（A）一审原告主张，原告作品和被告作品在非主要画面中有诸多相似之处，且二者主要画面变动相似，从被告作品中可以直接感知到原告作品表达上的本质特征。

然而，如前所述，一审原告所强调的主要画面的相似不构成改编。并且，一审原告主张的上述非主要画面的相似点，以及非主要画面素材的选择排列均属于思想或没有创造性的常见内容。

（B）一审原告主张，创造性应当从作品整体的层次来观察判断，将作品整体拆分成各构成部分再判断属于思想还是表达以及判断创造性有无的做法是有待商榷的。

然而，如上述1所述，作品的创造性表达，是集合各种各样的创造性要素成立的，故在判断原告作品和被告作品的相似部分是否为表达以及是否具有表达上的本质特征时，有必要分析其各种构成要素是否为表达以及是否具有表达上的本质特征。在此之上，再分析作品整体或主张侵权的内容整体是否为表达以及是否具有表达上的创造性。

还有，即使原告作品和被告作品相似之处本身属于思想或不具创造性的表达，若这些思想或不具创造性表达的组合在作品中发挥重要的作用，通过这些组合仍然能从被告作品中直接感知到原告作品表达上的本质特征，则被告作品仍然可能构成原告作品的改编。但本案中，原告作品和被告作品的各画面并不相同，具体的表达也不相同，从被告作品中无法直接感知到原告作品表达上的本质特征。

（C）一审原告主张，原告作品中的主要画面从首页画面变到钓鱼场所选择画面、抛竿画面、拉鱼画面和钓鱼结果画面的变动不曾出现在其他钓鱼游戏中，原告作品和被告作品中相似的主要画面的选择和排列有其他的设计可能，未必要如原告作品一般设计，并强调被告作品的主要画面的选择排列和变动的个性化表达与原告作品相似。

尽管当没有其他选择余地的时候，即使表达相似，也不构成著作权侵权，但这并不能直接得出有选择余地的时候，相似的表达总是会构成著作权侵权的结论。并且，著作权法保护的并非选择的思想本身，而是其具体的表达。因此，即使画面的选择和排列中仍有选择的余地，但只要表达不具有创造性，相似的表达依然不会构成改编权侵权，若具体的表达不同，表达上的本质特征自然也不相同。

本案中，从被告作品的画面的选择排列中无法直接感知到原告作品相应部分的表达上的本质特征。一审原告主张的抽象化视角中并不存在表达上的本质特征。

J. 汇总

综上所述，被告作品中与原告作品相似的画面变动和素材的选择排列属于不构成表达的思想或不具有创造性的表达，其接触者无法从中直接感受到原告作品中相应部分的表达上的本质特征，故前者不构成后者的改编。

（3）小结

从被告作品画面的变动和素材的选择排列中无法直接感知到原告作品中相应部分的表达上的本质特征。因此，一审各被告制作被告作品的行为不构成一审原告的原告作品改编权的侵害，传播被告作品的行为也不构成《著作权法》第二十八条向公众传播权的侵害。同理，一审各被告制作包含拉鱼画面的被告作品的行为不构成一审原告的原告作品保护作品完整权的侵害。

3. 关于是否成立《反不正当竞争法》第二条第一款第一项规定的不正当竞争行为（争议焦点2）

（1）原告影像的知名商品标志性

一审原告主张，原告影像是能够识别一审原告的具有一定影响力的商品标识。

A. 若游戏影像具备其他游戏中没有的独创性特征，且该影像在特定游戏全程中长时间反复播放，在该影像的受众中广为人知，则该影像构成《反不正当竞争法》第二条第一款第一项规定的"商品标识"。

然而，游戏影像通常是相关受众玩游戏的时候才会看到的。本案中，一审原告主张的构成知名商品等标志的影像，并非在原告作品开头就出现的画面，而是在游戏过程中才出现的画面，并没有在该游戏的全程长时间反复播放。另外，原告作品的影像也出现在市面上可以购买到的原告作品的官方攻略书及其封面上。

B. 一审原告虽然在电视广告（甲 13）中刊登了原告作品的广告，但原告影像仅是原告众多宣传画面中的一个，在全场 15 秒的电视广告中仅占 3 秒。而且，一审原告虽然也在地铁广告（甲 12）和报纸杂志（甲 14）中刊登了原告作品的广告，但原告影像仅是原告众多游戏画面中的一个，并不引人注意。

因此，这些宣传广告并没有使拉鱼画面的原告影像成为知名商品的标志。而且，虽然原告于 2009 年 2 月 7 日起在岩手、鹿儿岛、静冈和北九州等地区刊登了电视广告，但其刊登间均晚于被告影像 1 和 2 的发布日（即被告作品的发售时间）。

C. 另外，一审原告法定代表人的介绍文章中记载的照片（甲 81）也不能证明原告影像成为知名商品的标志。

D. 综上所述，原告影像并非能够识别一审原告的知名商品的标志。

（2）类似商品标志

A. 关于被告影像 1

（A）被告影像 1 的内容具体如下（甲 16、辩论的全部意旨）。

被告影像 1 只在尚未成为被告作品用户的 Mobge Town 会员初次检索被告作品浏览被告作品网页时才会出现在首页上。被告影像 1 并非单独出现的影像，而是于其他三个影像同时出现，四个影像纵向排列，且每个影像中都有横向排版的文字内容。被告影像 1 的最上方有"钓鱼游戏 2"的文字标志和从水平方向观察得到的水中鱼的横向长方形的配图，该配图的下方有显示为"免费玩""开始钓鱼游戏 2""备受好评的钓鱼游戏 2 再次登场"等字样的链接。上述链接的下方有名为"这是最新版钓鱼游戏 2！！"的栏目，其中有包括被告影像 1 在内的 4 个影像。被告影像 1 位于最上方，记载有横向排版的"全新的游戏系统""导入捕捉率变化系统的全新一键模式！"等文字内容。

（B）如上所述，被告影像1只有在 Mobge Town 的用户检索被告作品时才会出现，从其刊载方式来看，真正被用来识别被告作品的是画面最上方的插图中记载的"钓鱼游戏2"标志及下面的"钓鱼游戏2"文字链接，被告影像1目的仅仅是介绍被告作品。因此，被告影像1并非用于识别商品来源的标识。

（C）除此之外，被告影像1在手机屏幕中占的画面较小，并不引人注目，其中能够识别的内容仅仅是水背景中的绿色和紫色的圆盘，画面中央的黄色"战斗！"字样，以及画面下方的绿色的"Good"字样。因此，原告影像1和被告影像1并不相似。

B. 关于被告影像2

（A）被告影像2的内容具体如下（甲17、辩论的全部意旨）

被告影像2发布在一审被告 ORSO 首页的介绍被告作品的画面中，最上方有"道具收费型游戏""钓鱼游戏2"的字样。

紧接着上述文字的下方有"已上架手机综合门户网站'Mobge Town'"等介绍被告作品特征的文字内容。

被告影像2和上述文字内容的下方有"钓鱼游戏2"的文字标志，还有尺寸比被告影像2还要大的从水平方向观察水中的鱼得到的长方形配图，旁边有"钓鱼游戏2"的文字，Mobge Town 的网址（URL），介绍 Mobge Town 的文章等内容。

（B）从上述被告影像2的刊载方式来看，真正用于识别被告的画面最上方的"钓鱼游戏2"的文字和下方配图中记载的"钓鱼游戏2"标志，被告影像2只是同画面右侧记载的文字内容一起介绍被告作品内容的影像。因此，被告影像2并非用于识别来源的商品标识。

（C）还有，被告影像2中水中背景中央有较大的圆形，圆形的下方是蓝色的轮盘，圆形中央金色的背景中是银色的鱼叉，但该圆形并未呈现三重同心圆的样子。而且画面上方还有绿色的"Good"字样，画面下方则有白色的"稍等以下"字样。

因此，画面上方为拉动距离，中央为三重同心圆和鱼影的原告影像与上述被告影像并不相似。

C 因此，被告影像 1 和 2 都不是用于识别来源的商品标识，与原告影像并不相似。

（3）小结

综上所述，原告影像并非识别一审原告的知名商品标识，被告影像 1 和 2 也并非是被来源的商品标识，故刊载被告影像 1 和 2 的行为并不构成使用相似商品标识造成混淆的行为。一审原告以原告影像构成知名商品标识而刊载被告影像 1 和 2 的行为构成《反不正当竞争法》第二条第一款第一项的行为的主张不予支持。

4. 关于侵害值得法律保护的利益的侵权是否成立（争议焦点 3）

（1）一审原告主张，即使不考虑著作权等法律规定的严格意义的权利侵害，一审各被告明知并恶意依据一审原告投入了大额资本开发宣传的原告作品，制作了能够从中直接感知到原告作品表达上的本质特征的被告作品，并在全国范围内发售运营该被告作品，上述行为给一审原告带来了莫大的损害，破坏了一审原告的商业信用，侵害了一审原告的值得法律保护的利益，构成侵权。

然而，著作权法在一定条件下赋予一定范围的主体利用作品的独占性权利的同时，为了协调该独占性权利和国民文化生活自由的关系，还规定了著作权的权利要件、内容、范围和消灭原因等内容，明确了独占性权利的范围和边界。另外，为了确保经营者之间的公正竞争，反不正当竞争法也规定了不正当竞争行为的行为要件、内容、范围等内容，明确了知名商品标识混淆行为的范围和边界。

若某行为不构成著作权侵权行为或不正当竞争行为，原则上，该行为就不会落入独占性利用作品权利和独占性利用商品标识的权利的范围内。因此，若某行为除著作权法或反不正当竞争法所保护的作品利用或知名商标标识利用的利益之外，也没有侵害其他利益，则该行为不构成侵权。

（2）如上文1和2所述，一审各被告制作并向公众传播被告作品的行为，没有侵犯一审原告享有的原告作品的著作权财产权和著作权人格权。另外，如上文3所述，刊载被告影像1和2的行为也不构成一审原告知名商品标识混淆的行为。

一审原告主张一审各被告的行为损害了一审原告的商业信用。但一审原告提出的证据（甲18、19）并不能证明被告作品和原告作品的用户混淆了被告作品和原告作品。一审原告还主张一审各被告传播被告作品的行为使得全国多数用户混淆了一审原告和一审被告，也混淆了原告作品和被告作品，给一审原告的社会信用和商业信誉造成了严重影响，但一审原告并未举证充分的证据证明该主张。

（3）因此，即使一审各被告在制作被告作品时确实参考了原告作品，一审各被告的行为也并未超越自由竞争的范围，并非侵害了一审原告的值得法律保护的利益的违法行为，不构成民法上的侵权。一审原告的上述主张不予支持。

5. 结论

综上所述，一审原告的所有请求均缺乏事实和法律依据，应当全部驳回。一审各被告的上诉请求成立，支持了一审原告部分诉讼请求的原审判决部分判决失当，故撤销原审判决中一审各被告败诉的部分，同时驳回与该部分对应的原告的所有诉讼请求。同时，一审原告的上诉请求和新增诉讼请求均缺乏事实和法律依据，亦予以驳回。故作主文之判决。

知识产权高级法院第4部
审判长：高部真规子
审判员：井上泰人
审判员：荒井章光
2012 年 8 月 8 日

附："钓鱼游戏城案"的涉案作品

〈別図1〉

【原告作品】

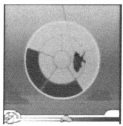

【被告作品】

〈別図2〉

緑色無地	コインが回転するような動き
	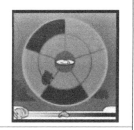
銀色地に金色の釣り針	鮮やかな緑地に黄色の星
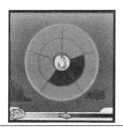	
金色地に銀色の銛	黒地に赤色の×
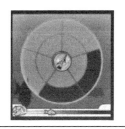	

（别图3）

【原告作品】

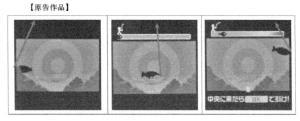

【被告作品】

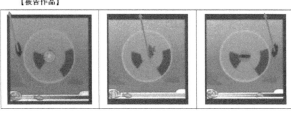

致　谢

　　本书的出版绝非笔者一个人努力的成果。东京大学的田村善之教授是笔者硕士阶段和博士阶段的导师（当时为北海道大学教授），在笔者求学之时，田村善之教授给予了亲切的关怀和悉心的指导，有幸得以进入田村研究室，乃是笔者意志坚定地走上学者道路的重大契机。另外，在研究过程中，北海道大学的吉田广志教授、Hazucha Branislav教授、高桥直子特任助手、刘晓倩研究员，中国政法大学的李扬教授，明治大学的铃木贤教授，首尔大学的丁相朝教授、朴俊锡教授，西江大学的朴濬佑教授，釜山大学的桂承均教授，釜山地方法院的林相珉法官等给予了笔者莫大的支持和鼓励。

　　曾一起在田村研究室攻读博士学位，而今已经走上各自的工作岗位的同门兄弟姐妹，也多次倾听笔者的构想并给出宝贵的建议。他们是同志社大学的山根崇邦教授、驹泽大学的小嶋崇弘副教授、中国台湾地区万国律师事务所的陈信至律师、京都教育大学的比良友佳理讲师、国家知识产权局的顾昕副研究员、中国社会科学院的张鹏助理研究员、中国科学院的刘影副研究员、佐贺大学的孙友容讲师、暨南大学的许清讲师、NHK知识产权中心的桥谷俊首席董事、札幌律师事务所的平泽卓人律师、东京大学的张唯瑜特任助理教授。

　　此外，笔者还想对曾一起攻读硕士学位，而今已经离世的冉敏、朱誉鸣夫妇表达衷心的感谢和深切的悼念。还有，自笔者赴日留学直至今天，一直承蒙亚细亚友之会外语学院的野左近勇藏院长以及丁玉实副院长的亲切关照。

　　本书出版之际，得到了复旦大学的季立刚教授、知识产权出版社的庞从容女士、方达律师事务所的孙梦洁律师和卢金瑾律师、东京大学的李远杰研究生的热情帮助，也得到了复旦大学法学院的大力支持，笔者在此向以上诸位表达诚挚的谢意。

　　最后，笔者还想对于一直以来甘苦与共，并给予无尽支持的父母、妻子由衷地道一声："谢谢！"

丁文杰

2022 年 2 月 14 日

于复旦大学江湾校区